身体は「わたし」を映す間鏡である

なぜ人は「あたりまえに動ける」のか?

甲野陽紀

和器出版

身体は「わたし」を映す間鏡である　目次

はじめに

「身体という謎の器」に魅せられて

「自分にもあんな動きができるようになるのだろうか？」

武術研究者の父のかばん持ちのような立場で、全国各地の講習会会場をめぐっていた頃、よくそんなことを自問自答していたことを思い出します。十年以上前のことです。当時、父の講習会には、それぞれの武術の世界で独自の技術を探求しようという、意欲あふれる方がたくさん参加されていて、そんな〝猛者〟たちの何気ない動きがとんでもない威力を発揮する場面を、私は何度も目のあたりにしていたのです。自分にはとてもあんな動きはできない。でも、いつか自分もあんな動きができるようになりたい――そんな、ちょっと胸がうずくような複雑な思いに揺れていたことも、いまは懐かしい思い出です。

もちろん、いまもまだまだ発展途上の身ではあるのですが、最近は、あの頃私が自分に問いかけていたことを、他の方から問いかけていただくことが増えてきました。

「私にも、そんな動きができるようになりますか?」

自問自答するしかなかった頃は、はるかに遠く感じた「できる」という言葉でしたが、いまは自信を持って、こう答えることができます。

「できます、だれにでも。ただ、そのためには、身体についての見方や、自分の中の常識を少し変える勇気が必要かもしれません。できるまでひたすらがんばる、というやり方ではなくて、できないということも一つの経験として大事にしながら、視点や発想を変えてみる。そうしていくうちに、開けていくものが必ずあると思います。私にもできなかった頃があるので、よくわかります」

こんなふうにお話しできるのも、動きたいように動けなかった経験があったからこそと思うと、人生何事も無駄はない、という気が改めてしてきますが、もう一つ、みなさんからよく聞かれる質問があります。それは、これです。

「シンタイギホウ研究者って、どういうものなんですか?」

はじめまして、身体技法研究者の甲野陽紀です——。

ある頃から、自己紹介する必要に迫られて、こんなふうに名乗るようにはなったのですが、はじめてお会いした方から、「なるほど、そうですか」という納得の表情を返していただくことは滅多にありません。父が武術研究者であることをご存知の方の中には、武術からヒントを得たのだろうと解釈される方もいますが、武術の技ではないということを表すためにつけた身体技法という名前なので、逆の展開に苦笑いです。

結果として、武術的な動きに通ずることもあるのですが、武術の技そのものを研究しているわけではなく、スポーツの動きそのものの研究というわけでも、技法的な動きを要求される日本の伝統的な技芸や伎芸、たとえば、職人技や、茶道や能の動きそのものを研究しているわけでもないのです。

では、あなたは何者？——説明している自分でもこう聞きたくなりますが、この質問に答えようと思うとどんどん深みにはまってしまい、かえって謎めいてしまうので難しいのですが、一つは技法という言葉が誤解を招くところがあります。

ときどき、何か武術の技のような動きを伝授してもらえるのか、と思って参加される方もいるのです。ですが、申し訳ないことにそういうことはまったくないのです（はっきりと目に見える形をお教えしますよ、ということはないという意味です。これから本書でお話しするようなことも技と呼べるものである、と考えていただける方になら、技を伝授している、ともいえますが）。当然のことですが、そういう興味から参加された方の多くは、遅かれ早かれ私の講座から足が遠のいてしまう、ということになります。

そのかわり、といっては語弊があるかもしれませんが、こういう方は長続きします。

それはたとえば、ある朝、起きてみたら、ちょっと腰が痛いことに気がついて、さて、どうしようか？と心配になったのだけれど、なぜか、「○○治療院」や「○○整形外科」の門戸を叩く気にならない。おっと、そういえば近くに変な研究所があったな、「甲野陽紀身体技法研究所」とかいう……よし、そこへ行ってみるか！――というようなことを思いついて、実行してしまうような方です（実際には私の講座はまだ研究所にはなっていないのですが）。

常識的に考えれば百人に一人もいないと私は思うのですが、世の中、意外にあなどれません。最適最短ルートより、おもしろそうなルートのほうを選んでしまうちょっと変わった方々が、さまざまな分野に少しずついるようなのです。

最近どうもいい音が出ないなあと悩んでいる、楽器演奏を趣味にされる方（もちろんプロの方もいます）、職場での人間関係がぎくしゃくして困っている組織のまとめ役の方、仕事は大好きだけれど長時間の立ち作業の辛さを感じているデビューしたての理容師の方、どうしたらもっとうまくなれるのか？と悩んでいるスポーツ選手の卵たち（プロアマ問わずです）、もっと楽に介助の仕事ができないものかと研究中の介護士の方、猫背を治して綺麗な立ち姿を身につけたいという方……。

全国各地の講座や講習会の場で私が毎月のようにお会いする方々を、ほんの数名思い浮かべただけでこんな感じです。

一見、どこに共通点があるのかと思うぐらい仕事も興味のある分野も多彩なのですが、共通点があるとすれば、「変わることへの楽しさを持っているということ」。

技的な動きができるかできないか、ということより、自分の身体はこういうふうにも動けるのか、こんな感覚だとこういう動きになるのか、というように、「自分の身体が持っている謎の力」に実際の体験を通じて触れることが楽しい、動きの引き出しを増やすことがうれしい、そんなことをシンプルに感じられる方が多いのは間違いない——私の勝手な理解ですが、たぶん的外れではないはずです。

こんなに多彩な方が参加されているとはいっても、私のできることは限られています。他の分野の専門家ではないので、来られた方が腰の痛みという悩みを持っていたとしても、それを直接に治療してあげたり、いい音を出したいと試行錯誤している演奏者の方に、音の出し方そのものを教えることはできません。

では、「甲野陽紀」の身体技法講座ではいったい何をしているのか?

という、先ほどの質問に戻ってくるわけですが。

一言でいうと、私「甲野陽紀」がみなさんと一緒にやっていることは実は、「一つ」しかありません。もちろん、動きを一つ一つ種類に分けるなら、たくさんの動きを実際には試してもらいます。でも、私がみなさんと一緒に経験したいと思っていることは、たった一つのことなのです。

それは、「ふだんあたりまえにしている動き」を、「新しい身体の経験」として自覚的に体験してもらうこと。

「ふだんあたりまえにしている動き」とは、具体的にいうなら、立ったり座ったり歩いたり、手足を使って何かをするさまざまな日常動作のことです。

だれでもできる、そうしようと自覚しなくてもいつもやっている動き。それが日常動作です。

「なぜ、そんなことをわざわざ身体技法研究という名前をつけてやっているのか?」

ここまで読まれたみなさんが、いま胸のうちでつぶやかれたに違いないこの疑問、このことに論より証拠で応えるのが実践講座だとすると、この本はそれを言葉と絵でやってみよう!という試みともいえます。くわしくは本編でじっくり探求してみたいと思いますが、その入り口になることを、まず。

いま触れた「ふだんあたりまえにできること」を、「新しい身体の経験」として体感して磨きをかけていくということ。これは言葉でいうとわずか五十字ほどで終わってしまいますが、実際にやってみようとなると、言葉ほど簡単なことではありません。

たとえば、歩く人なら一日一万回も繰り返している「歩く」という動き。こんな簡単なだれにでもできる動きを、「新しい身体の経験」として味わってみようとなると大変です。笑い話のようによく例に出されることですが、何の苦労もなく歩けている人が、「最初に右足を出して、次に左足を出して……」と考えながら歩こうとすると途端にぎくしゃくして、歩けなくなってしまうのです。

「わたし」の身体でありながら、そう簡単には「わたし」のいうことを聞いてくれないのが、実は身体でもあるのです。

そこで。

「ではまず、みなさんがふだんしている立ち姿勢をとってみてください」

はじめて参加される方が多い講座のとき、私はこんなお願いから始めることがよくあります。その場にただ立っているだけのいわゆる「立ち姿勢」は、「ふだんあたりまえにしている動き」の代表ともいえる動きです。立ち姿勢も細かく見れば英国の衛兵風や仁王立ちというように姿形を分類できますが、ふだんしているような立ち姿勢ということになれば、だれでもほぼ同じような感じになります。それだけに、（なぜ、こんなだれでもできるようなことを……？）という、怪訝な目線がやってくることもあるわけですが、しかし、逆にいえば、だからこその立ち姿勢なのです。

だれにでもできる、無理なくできる動きだからこそ、私がみなさんに自分自身で観察してほしいと考えている身体の感覚の微妙な変化を、敏感に感じ取ることができるともいえるのです。

私がこういう場面でみなさんにとくに注目してほしいと考え、言葉として表現していることは「注意の向け方」と「身体の動き」がどのように関係しているか、ということ。

「注意の向け方」というのは、「どこを目で見ているか」ということではなく、「どこに自分の注意を向けているか」ということです。

たとえば、電車を待つホームなどで何か考えごとをしているとき、目は漠然と周囲の様子をとらえていますが、注意はその「考えごと」に向いています。考えごとは身体の内側ですることですから、こういうとき、私は「注意は身体の内側に向かっている」と考えます。逆に、たとえば、学校の教室で試験問題を解いている学生さんが、窓から見える外の景色がどうにも気になってしまって試験に身が入らない……というような場合は、「注意が外に向かっている」ととらえます。

この「注意の向け方」と「身体」というのは多くの方が思っている以上に身体の内側で深く結びついていて、「注意をどこに向けていくか」によって、身体の安定感として端的に表れるような「動きの質」が大きく変わってくるのです。

そのことをみなさんがご自身で体感し、それを経験として積み重ねていってほしい。その経験の積み重ねによって、たとえば、スポーツならスポーツの、音楽なら音楽のフィールドで必要とされる、その分野特有の動きもその人が望む方向へと変わっていくのですよ、ということを、私は講座という実体験の場を通じて伝えたいと思っているのです。

さて、立ち姿勢に戻ると、ふだんの立ち姿勢をとってもらったみなさんに、次に私はこんなふうにお願いをします。「注意を向ける先」をはっきりさせるためです。

「その立ち姿勢のまま、みなさんの注意を指先に向けてみてください」

すると、その一言で、それまで漠然としていたみなさんの注意が指先に向けられます。本編の第四話の中でも詳しく触れますが、言葉は注意の向く先をコントロールする力を持つ、すばらしいツールでもあるのです。指先に注意を向けてくださいという言葉をその人の身体が理解した瞬間、考えなくとも身体の内側を走る注意は指先に向かいますから、心配はいりません。

はじめて体験される方には、その一言で立ち姿勢自体が変化したようには見えないと思いますが（経験を積んでくるとその変わり様は見ていてわかります）、実はその瞬間、身体はもう百八十度変わったといっていいぐらい大きく変わっているのです。試しに、近くにいる人に肩を左右に軽く押してもらってください。ふだんの立ち方では肩を左右に軽く押されただけでぐらついてしまう人でも、見た目でもはっきりわかるほど安定感が増すはずです。強めに押してもらうと、粘りのある立木の幹が揺れる程度には身体は振れますが、

指先を軽く合わせると自然に注意が指先に向きます。指先を合わせた状態で立ち姿勢をとってもらうと身体の安定感がよくわかります。

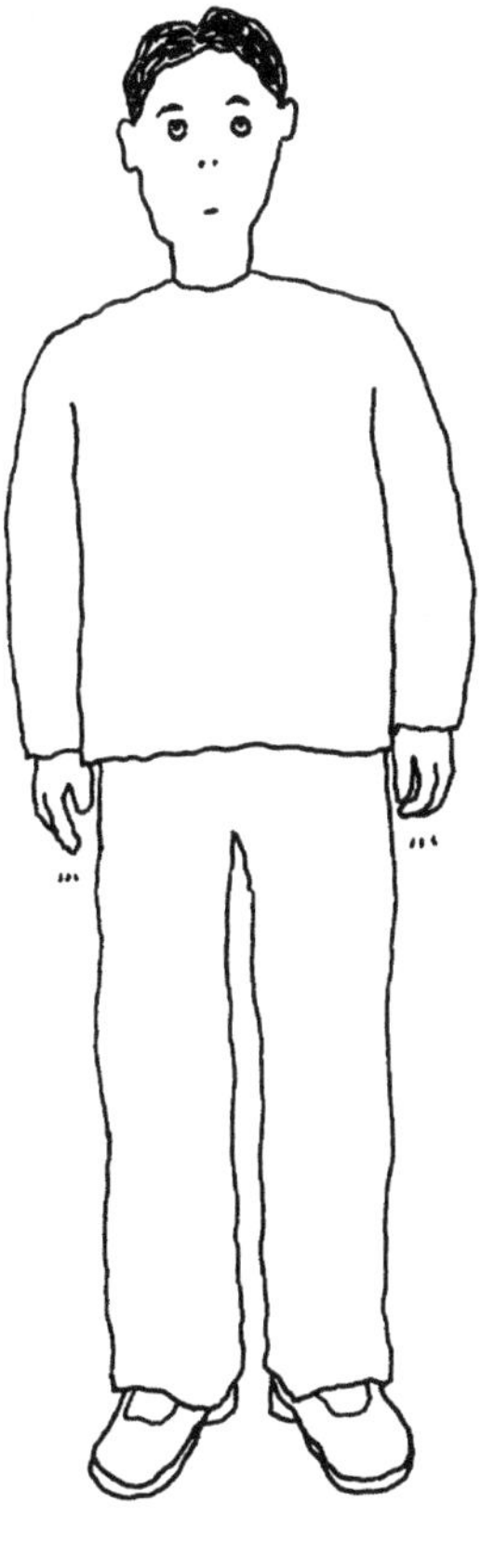

「でも大きくは崩れない」という感触を、身体の内側でしっかり感じとることができるでしょう。こんな簡単な〝実験〟ひとつで、「あたりまえの動き」でしかなかった立ち姿勢が、「まるではじめてする動き」であるかのような新鮮な体感に変わってしまうのです。

こんなふうに、私の講座では、何かの専門的な技術の伝授ではなく、「みなさんがふだんやっている動きを素材」にしながら、しかし「感覚的にはそれらをまるで別の〝料理〟を味わっているように経験してもらうこと」をずっとやってきました。

先に例としてお話ししたように、そのことが、樹木の枝葉ともいえる専門的な動きに良い影響を与えることは、それは折に触れて私の手元に届くみなさんからの経過報告からもうかがい知ることができます。実際にみなさんの日常生活に役に立っているということは、私の大きなやり甲斐の一つになっているのですが、ある頃から、こんなことも強く思うようになりました。自分が研究フィールドにしてきた「身体」というものを、もっと大きな視点からとらえ直す必要があるのではないか。身体というのは自分が考え、とらえてきたことにとどまらないもっと未知の可能性を持つものでないのか、と。

そのことについての具体的な考察は、本書の主に後半でお話ししたいと思いますが、たとえば、人間関係に悩んでいる方が、自分の身体を「注意の向け方」と「身体のしっかり感」という視点で少しずつ見直していくことによって、解決策を見出すことができたというようなことが実際に経験談としても届いています。

本書のタイトルにある「間鏡（まきょう）」という見慣れない言葉は、「身体」を見立てた「鏡」の前に、「間」という一文字を置いた造語です。理由は拙文をお読みいただく中で納得していただけるかと思いますが、さかのぼれば古代の日本で造られ大切にされていたと聞く「魔鏡」にその意を重ねたところがあります。この魔鏡、磨かれた鏡面にかすかな凹凸があることから、鏡に反射した光は壁にあたると鏡面のこの凹凸を紋様として映し出した、といわれています。身体を魔鏡に見立てるなら、「わたし」は鏡面に現れる凹凸(手づくりですから一つとして同じ凹凸はなかったはずです)であり、身体は、魔鏡が変幻自在に映し出す「わたし」と、外からやってくる光とのあいだにあって仲立ちをするもの、つまり「間」の「鏡」、「間鏡」と呼べるものかもしれない――そんな思いともつながったのです。

本書の帯には、私に「間鏡」の意味を説いてくださった七沢賢治先生からさらに深い洞察をいただきました。私へというより、本書を手に取ってくださるみなさんへのメッセージとして、味わっていただけたらと思います。

では、みなさん、そろそろ始めましょうか。

身体は「わたし」を映す間鏡である

甲野陽紀

第一話
「実感」という落とし穴

「新しいわたし」を発見するための
ひとコマ講座❶

お盆を持ち慣れている人はなぜ美しいのか？

「指先に注意が向く」と身体が安定するという〝法則〟。「はじめに」の中で紹介した「両手の指先を合わせる」方法だけではなく、他の方法でも〝法則〟の効果は確かめられます。たとえば、絵のようにお盆を指先に載せてみる。末端が緊張するような重さのお盆でなければ、指先に注意を向けたことと同じ効果が引き出されます。喫茶店でおぼんを持ち慣れた人の動きが美しい理由はそういうことなのかもしれません。

それは「わかった気」になっているだけかもしれない

「自分のことは自分がいちばんよくわかっている！」

だれかにぐっとくるようなことを言われて、思わずこう切り返してしまった……みなさんにも心当たりがあるのではないでしょうか。今日も、どこかの親子の会話に登場しているセリフかもしれません。

自分のことは自分がだれよりもわかっている——ある面だけ見れば、そうともいえると思うのですが、私にはむしろ、こういう言い方のほうが納得感があります。

「自分のことは自分がいちばんよくわかっている、と思うのは、自分のことがわかっていないという証拠である」

「自分のことをわかっている」と思うのは頭の中にある「わたし」ですが、「わたし」には少なくとももう一人、仲間がいるはず。そう、自分の身体はもう一人の「わたし」といえる存在です。

私の場合、実験台である自分の身体と対話するのが仕事ですから、少し身体側に身びいきが入っているのかもしれませんが、頭の中にある「わたし」は、身体の「わたし」のことを本当にわかっているのだろうか。わかった気になっているだけかもしれない、と気づかされることがよくあります。

身体をこういうふうに動かそう、ああいうふうに動かしたいと考えるのは頭の中の「わたし」なので、「わかった気」にもなりやすいのです。しかし、実際に動く身体の「わたし」が「それでいいよ」と言ってくれているかどうか？——そこは、ていねいに見極める必要があると思うのです。

伸び悩んでいたスポーツ選手が、コーチが代わってガラリと良くなったり、師匠につくと、芸事の所作がみるみる洗練されたり、という例をよく聞きますが、コーチや師匠という「頭」の役割はそれほど大きいのです。頭の「わたし」が、「自分の身体の動きはこんなもの」と思ってしまえばその程度になってしまうのも身体、逆に「いやいやこんなものじゃない。もっとすごい力を持っているはずだ」と頭の「わたし」が考えて、身体と真剣に話そうとすれば、それに応えようとするのも身体です。みなさんの身体にはもともと、相当な力が備わっているのです。それを上手に引き出す役が頭の「わたし」である、ともいえるわけです。

そういう意味からすると、身体の動きを研究するという私の仕事は、裏返せば、実は頭の中の「わたし」が持っている常識や、「わかった気」に揺さぶりをかけて、新しい見方や視点を発見させる、ということでもあるわけですが、実際にやろうとするとそれがなかなかの難題だったりするのです。

頭の中の「わたし」が陥りがちな「わかった気」に、理屈だけで戦いを挑むと、間違いなく抵抗されます。抵抗といっても、重箱の隅をつつくような話が多いのですが、そういうやりとりはお互い不毛ですから、私の講座はいつも別の手――「論より身体の体験」で迫ることにしています。「ああ、自分は〝わかった気〟になっていたんだな」ということが腑におちるのは「体感・体験」があってこそ、なのです。

「身についている」から悩みになることもある

ところで、ある動きをしたとき、頭の中の「わたし」が「わかった気」になれるというのは、その動きが「すでに身についてしまっている」から、ともいえます。身についてしまっているから考えなくてもできることはできる。でも、身についてしまっているがゆえに、修正が難しくなる。それで、悩みが深まってしまうこともあるのです。

ふだん、ほとんど無自覚にできる動きである日常動作を、私が動きの素材として取り上げる理由の一つもここにあります。日常動作ほどみなさんが「わかった気」になっている動きは、たぶんないはずです。そこまで深く浸み込んだ「わかった気」の厚くて重い扉を、みなさん自身の力で開けることができるようになれば、専門的な動きを見直す場所も自然に生まれてくるものです。

この「わかった気」問題を体感できるちょうどいい例題がありますので、みなさんも一緒に考えてみてください。現場ではよくこういう質問になって出てきます。

「もっと楽に動けるようになりたいのですが、どうしたらいいでしょうか？」

全国各地どの講座に行っても、一度は聞かれるこんな質問です（質問される方にとっては悩みですね）。

楽に階段や山道をのぼれるようになりたい、楽に荷物を持ち運びしたい、長い時間でも楽に立ち続けられるようになりたい……質問される方によって場面や動きはさまざまですが、思いは同じです。楽に動こうと思っているのに、身体がそう動いてくれない。それがなぜなのか、理由がわからないので、困ってしまうわけです。

困っている方は切実です。その気持ちはよくわかります。とはいっても、旅先で体調不良になったときに応急処置をするように、「じゃあ方法だけ教えましょう」というやり方はどうでしょうか。方法だけを知るというのはいってみれば対症療法です。別の場面に遭遇すれば、また別の〝応急処置〟が必要になることは目に見えている……のだったら、動けないことの根本まで掘り下げていってその根っこを変えてしまおう！と考えてしまうのが、私のいつものクセなのです。

「では」と、私。

「リラックスして歩く」は「楽な歩き方」？

「実際に動いてみましょう。まず、〝これが楽な動き方だ〟とみなさんが思う動き方で結構ですから、歩いてみてください」

「楽な動き方をしてください」といわれて、みなさん、思い思いの歩き方で会場内を行ったり来たり。見た目には、たしかに「楽そう」な歩き方にも映りますが、この時点での動きは、あくまで歩く人が「これが楽に歩くという動き方である」と思っている動き、つまり、頭の「わたし」の考える「楽に歩く」です。身体にとってそれが本当に楽な動きなのか、その歩き方が良い状態かどうかは別の話——ということを、みなさんも頭の片隅に置いていただきながら、次は、私の出番です。

私はこういうとき、一人一人の肩のあたりを横向きに軽く押して回ることで、身体の状態を確認していきます（「はじめに」でも紹介しましたが、この方法は教わったものではなく、私自身の経験から自然にできあがってきたモノサシです。だれにでも簡単にできるうえに、身体の安定感が一目瞭然にわかるチェック法ですから、ぜひ活用してみてください）。

肩を横向きに押されたとき、上体が軽く揺れるぐらいですぐ元に戻るなら安定感は十分です。安定感のないときは、それほど強く押してはいないはずなのに、大きくぐらついたり、横っ飛びになるぐらい姿勢が崩れたりしてしまうので、その差ははっきりとわかります。

歩くという動きの中でも、同じことを検証することができます。

「身体がしっかりと安定して歩けている」状態であれば、肩を左右に軽く押された程度では、歩く方向は少々揺らぐことはあっても、身体はほとんどぐらつきません。ぐらつかないということは、姿勢を保つために無駄に力を使うことも、膝や腰といった部分に大きな負担がかかることもないということですから、「長時間歩き続けても疲れにくい動き」ともいえます。つまり、こういう身体の状態を私は「楽に動けている」ととらえているのですが、結果はもちろん――。

「楽に歩くというから、リラックスしてみたんですけどねえ……」

ほとんどの方が大きくぐらついてしまった自分の身体の状態に、意外さと少し悔しい気持ちが入り混じったような面持ちで首をひねっています。

「楽な歩き方」を求めて身体をリラックス（力を抜いた感じでしょうか）させたら、かえって身体のしっかり感が失われてしまった、というわけです。それなら逆の発想では？と考える人もいるはず。極端ですが、ロボットのように身体をガチガチに固めて歩いてみたらどうでしょうか？　横向きの力に対抗するには、たしかにアイデアです。しかし、ロボット歩きは疲れるのが弱点。それほど長い時間は持ちません。

　こうした体験を、条件を変えながら（たとえばリラックスという状態を強めにしたり弱めにしたり）何度も重ねていくのが、私の講座のスタイルです。体験していくうちに、「リラックスして歩こう」としても「しっかりした感じで歩こう」としても、自分の求める「楽に歩く」動きには到達しそうもない、ということが徐々にわかってきます。「いやいや、まだまだ」と考えるガンコな方も中にはいるかもしれませんが、ここまでくると「自分の身体のことは自分がよく知っている」と断言するほどの確信は、内心なくなっているのではないかと思います。

　はじめは、自分の悩みを解決したい、日常に役立てたいという気持ちから、講座に参加される方が多いのだろうと思いますが、こうして、「ごくあたりまえにできるはずの動きに謎がある」とわかってくると、がぜん、別の興味が湧いてくるようです。自分の身体の中にいる「わたし」が、謎の生き物のように思えてくるのでしょうか、いろいろな動きを通して謎の「わたし」と話をしてみたい、もっとその謎を知りたいという、純粋な研究心とも呼べるような気持ちが起きてきて、そうなると、表情や目の輝きまで違ってきます。自ら自分の身体に興味を持つということがこんなに人に力を与えるものなのか、いつも私が教えられることです。

さて。「なぜ頭の中の〈わたし〉は身体のことをわかったと思い込むのか」という最初の問いに戻りますが、頭の中の「わたし」も、何の根拠もなく「わかった気」になっているわけではなく、身体から、身体の状態を表すある手掛かりをもらい、それを元に何らかの解釈をしているはずです。

ただし、その解釈はあくまで伝わってきた体感を言葉に〝翻訳〟したものですから、動きとしてよくできていたのかどうか、たとえば、先の例でいう楽な動きが本当にできていたかどうかとは別の話です。身体が得ている感覚が、正確に、〝翻訳〟され、言葉として表現されているのかどうか、その点はていねいに検証していく必要があります。

このあたり、入り組んだ狭い路地を歩くような道筋ですが、もう少しお付き合いください。次の角を曲がれば、その先には広々とした景色が……。

やった人自身が驚く「できた感じ」がないほうができるという事実

長さ30センチほどの丸木の棒――私の講座で身体の動きの質を体感してもらうために使っている小道具の一つです。特別な細工のない、ホームセンターなどでよく見かける何の変哲もないこの木の棒が、ふだんは姿を見せない不思議な身体の動きを引き出してくれる。これが、なかなかの優れものなのです。

たとえば、この棒を向かい合った人がお互いに片手で持ち合い、一方が押す、一方はそれを受け止める、というシンプルそのものの動きをやってみましょう、という場面。

動作としては、一方が押し、一方はそれを受け止めるだけの単純なものなのですが、身体の内側で働く注意の向きや、棒を押す動きを一回一回微妙に変えていくうちに、動きが劇的に変わる瞬間がやってきて、見た目には軽く棒を押し出しただけなのに、その棒を受け止めようとした相手が後方に大きく崩れてしまう、ということも起こります。とくに修練を積んだ人だけができること、というわけではなく、だれにでもできてしまう（でも、できたから同じようにしようと思うと、できなくなるのですが）ところが、なんとも不思議なところです。

ですから、「力いっぱい押し出したときにはびくともしなかったのに、いったい

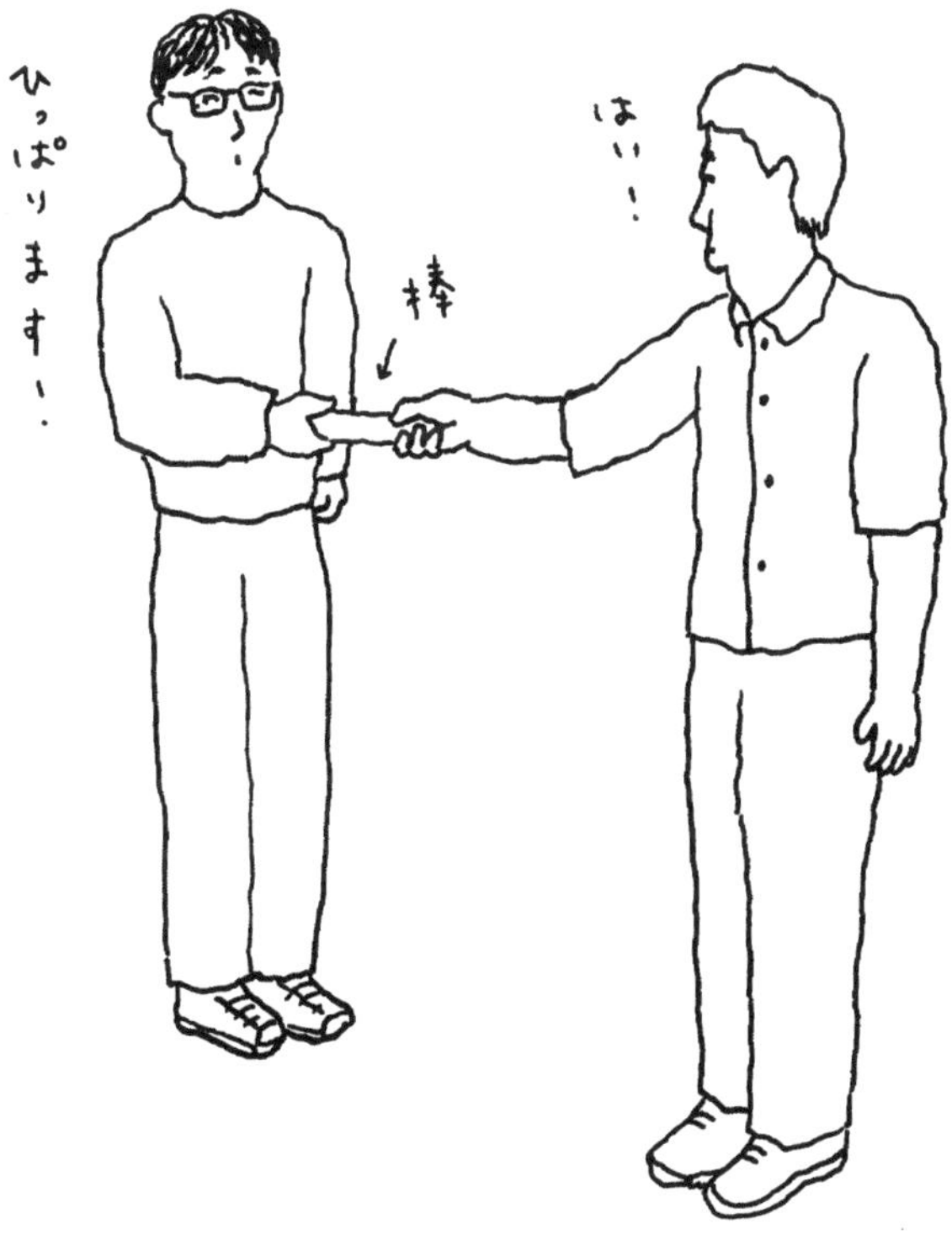
ひっぱります！！
棒
はい！！

何が起きたのか……」と、棒を押し出した人が、その予想外の展開に驚いてしまうことが多いのですが、こうした体験を通じて、「身体の動きと体感の関係は、必ずしも、自分の中の常識通りではないらしい」ということに、多くの人が気づかされていくわけです。

「うまく動けたときに限って、〝できた感じ〟〝やった感じ〟がしない。コレって不思議ですねぇ」

講座に参加された方からこういう感想をいただくと、主宰者として本当に爽やかな気持ちになる一方で、実際によくあることなのですが、同じ場で同じ体感を経験していながら、まったく対照的な言葉を弱々しくつぶやく人も出てきます。

「どうもよくわからないんです」

「どのへんがですか？」

「〝やった感じ〟がしないので、どう動けたのかどうかピンと来なくて」

「どういう感覚が〝やった感じ〟なんでしょうね？」

「なんていうか、こう、腕に力が入るとか、実感があると、やった気がするんですけどね……」

「実感」とはなんだろう？

人間の考えというのはおもしろいものです。私から見て、この方の動きは「やろうと思った動きが十分できている」のですが、「やった感じ」がしないから、自分が動けているのかどうか、「よくわからない」と、思ってしまうのです。

「やった感じ」というのは、頭で解釈したことですから、本来の身体の動きとは区別して考えるべき、と私は思うのですが、その区別を曖昧にしてしまうのが「やった感じ」や「実感」という言葉の力でもあるのでしょう。

だからこそ、私は言葉を生み出す元になった身体の経験そのものを大事にしたいと思っているのです。いくら頭で解釈を重ねてみても、その解釈が身体の経験と素直に結びついたものでなければ、たとえばいまお話ししたように、「〝やった感じ〟がない」という解釈が、身体の動きを正しく認識できない壁になってしまうことになります。

身体の経験がまずあり、そこから生じた体感があり、その体感が頭の「わたし」に正確に伝わり、そして的確な言葉に〝翻訳〟されることで、言葉と身体の動きとの健全な関係が生まれるのだと思います。

「実感」という言葉も身体の経験そのものをとらえようとすれば、もう少し違う言葉へ、より具体的な表現へ言い換えもできるのではないでしょうか。これは私のとらえ方ですが、「実感」をより具体的な感覚表現にするなら、「力感」という言葉が近いのではないかと思っています。

たとえば、いまお話しした棒を押し出す動きを例にとるなら、棒を押し出すときにぎゅっと拳を強くにぎって押し出そうとすると、前腕が緊張して盛り上がる感じになります。このときの体感が「力感」にあたります。相手に動きを止められた棒を無理やり押し込もうとすると、二の腕や肩にも力が入ってきて、さらに「力感」が高まります。もし、このままなんとか相手側に棒を押し込むことができたら、それがまさに「やった感（実感）」になるのだと思いますが、

ところが、注意の向け方を工夫して全身の力を上手に引き出しなが

ら動くことができれば、実はまったく「やった感（実感）」なく、つまり、ほとんど力感を感じないまま、相手を崩してしまうこともできるようになるのです。

実際、ふだんの講座に参加されるごくふつうの体型の女性が、スポーツ経験のある男性をこの棒を押す動作で崩してしまうことは珍しくありません。「実感がある」ことと、身体の動きそのものとは関係がないということは、体験すればすぐにわかります。にもかかわらず、「実感があること＝身体が動けていること」と、頭の「わたし」が「わかった気」になるのは、力感がある＝実感がある＝一生懸命やった、というようなストーリーにしたいという、心の中の願望のようなものが私たちにあるからかもしれません。

そのことに対して私がどうこういうことはできませんが、「力感がある」というとき、身体が本当はどのように動いているのか、ということは知っておいていいのでは、と思います。頭の中の「わたし」が思い込みを通して理解している身体ではなく、身体の動きをそのまま素直に理解することで、身体に負担の少ない動きや、精度の高い専門的な動きを習得するときの助けになるはず、と思うからです。

自分の中の常識を変えてみるという力

具体的な場面で思い浮かべてみると、たとえば、荷物を持ち上げるとき、持ち上げる荷物の重さに対してちょうどいい力の量、つまり必要な力で持ち上げている動きなら、プラスマイナスゼロですから、力感は残らないはずです。

ところが、身体のある部分、たとえば腕や肩にだけ頼るような動きや、理に適っていない動き方――車でいうなら軽くサイドブレーキをかけたままアクセルを踏み込むような動き方をすると、必要以上の力を出さざるを得なくなり、それが力感となって残ってしまうのです。

必要以上の力というのは、行き場のない余った電力のようなものです。行くところがないからとりあえず筋肉を緊張させるために使っていますよ、ということになるわけです。

これを逆にいえば、「うまく全身の力を引き出して動けているときは力感がない」

ともいえます。「常識だと思っている価値観を逆転させて、〝力感がなくできたからよし〟と思えばいいんですよ」と、私は講座のときにはそんな話し方をしますが、自分の中でできあがっている価値観や発想をがらりと変えてみるということは、身体の新しい動きを理解するときに、思いのほか、力になってくれることです。そのことがきっかけとなって、私自身が得た新しい発見や気づきは数多くあります。

発想や視点を変えられるのは、身体だけではできない、これこそ頭の中の「わたし」の力です。自分の中の思い込みや常識を残したまま、そこからでは理解や説明ができないような動きを無理やり解釈しようとしても、謎はかえって深まるばかりです。気がつけば、「実感」という落とし穴に……ということにもなりかねません。

それでも、もし、みなさんがそんな落とし穴にはまり込みそうになったら、ちょっとこんな〝呪文〟を思い出して、つぶやいてみてください。

《ある道を行って行き詰まったら、それとは真逆の方向の道筋に目を向けると突破口が見つかる》——これは、経験が私に教えてくれた、おまじないの言葉です。

身体でいうなら、たとえば、手のことで詰まったら足のことを考えてみるといい、ということです。

動くことで悩んだときは、身体の動かし方ばかりに気がとられるものですが、そういうときこそ、頭の中の「わたし」の視点を見直してみる。身体だから頭、頭だから身体、というように視点の移動をふだんから軽快にしておくと、困ったときにふっといいアイデアが浮かんでくるものです。

「本当に力感がない」ということ

そういえば。先ほど紹介した「楽な動きで歩く」講座の締めくくりに、一つ質問をいただいていました。

「楽に歩こうとしていたとき、自分では力感がなかったように思うのですが、それでも身体がぐらついたのはなぜでしょう?」

なるほど、これはいい質問です。実は、力感というのは、力こぶをつくったときに感じるような強い力感ばかりではないのです。力感は強さという方向ばかりではなく、弱いという方向にも存在します。「楽に動こう」と頭で考えて動き始めたときの「意図的に力を抜いている」身体の状態も、強い力感ではないながらも、力感を求めているということでは同じなのです。

身体というのは、不思議なことに、「こういう動き方をしてみよう」と、動きそのものに注意が向けられると、自然でなめらかな動きができなくなってしまいます（「はじめに」でも触れた、足の出し方を考えて歩く例もその一つです）。

「こんな感じで動こう」というように、動きの表情に注意を向けたときも同じです。「強く押そう」と思って、「強く」という動きの表情に注意が向いてしまうと、つい何のために強く押そうとしていたのかという目的を忘れて、必要以上の力を出そうとがんばってしまい、かえって疲れてしまう、ということも起きます。こんなときは、強い力感があるので、それを達成感やがんばった感と考えてしまいがちなのですが、その力感は本当に必要だったのか？という疑問は残ります。

質問にあった「楽に歩く」ときの動きも同じで、「楽に」という動作の表情に注意が向いてしまうと、やはりそこでも過度に力を抜いてしまうということが起き、

「楽に」という力の操作感が生じてしまいます。このとき、見た目には楽に動けているように見えるのですが、実は身体は不安定という状態になっているのです。動きそのものに注意を向けながら動いてしまうと、強弱の差はあれ、身体の中で力のかたよりが生まれ、それが力感となって頭の「わたし」に伝わり、「強く押している」とか「楽に歩けている」という解釈が生まれるのですが、身体にとってそうした力感は余分なものですから、安定した状態が崩れてしまう、ということにつながるのではないでしょうか。

本当に力感のない、楽な感じで歩けているときというのは、腕や上体を脱力させているわけではなく、身体のどこか一部分に力が入ったりすることもなく、身体全体がうまくつながりながら動いている状態です。だから、少々のことでは身体がぐらついたりしない、ということなのです。

力感のあるなしというのは無形の感覚ですから、言葉で説明することの難しさを感じますが、

「力が入っているからいい」ととらえるのも、「力が入っていない感じだからいい」と考えるのも、身体の中で感じる感覚を求めながら（注意を向けながら）動こうとしている点では同じです。

力を込めようとか、力を抜こうと考えた時点で、力感＝実感を期待した動きになっているともいえます。

「実感がない動き」も、それを求めて動いた途端に、実感のある動きから抜けられなくなってしまう、ともいえます。気がついたら「実感がなかった」というぐらいの何気ない動きが、いちばん理に適った動きなのかもしれない、とも思いますが、その何気なさもまた求めてしまうと……というように、身体と頭には、気のおけない親友のような、とても繊細な関係があることはたしかです。

身体を動かすときだけではなく、物事が思ったようにいかないとき、そういえばそんな言葉があったな、と思い出してみると、役に立つこともあるかと思います。

「もしかすると自分は熱く取り組みすぎたのかな」「クールに考えすぎたのかな」と、自分を省みることで、膠着状態を突破する糸口が得られるかもしれません。

第二話

「注意を向ける」と「身体が動く」の不思議な関係を改めて考えてみる

「新しいわたし」を発見するための
ひとコマ講座❷

雨の日を楽しくする方法

腕の末端が指先ならば、傘の末端はどこでしょうか？　「細くとんがった先？」と答える人が多いかもしれません。が、私がおすすめする〝傘の末端〟とは、雨を受ける傘の生地の上部分（雨にあたる面側）のすべて。傘の生地全体を一つとしてとらえて注意を向けてみると、がぜん持ちやすさが変わってきます。傘を重く感じる、傘を持つのが煩わしい……と思っている人は、傘の持ち手部分に注意が向いているせいかもしれません。傘の生地の上部全体へ。注意の向け方を変えるだけで、雨の日が楽しくなるかもしれませんよ。

「右肩をあげよう」と思えば「右肩があがる」ことの不思議

「ではみなさん、最初に右肩をあげてみてください。あれこれ考えず、ただ右肩をあげるだけです……そうそう、それで結構です。左膝があがってしまう人はいませんよね？　はい。では次は、頭を左側に傾けてみてください……いいですね、できますね、みなさん、完璧です！」

はじめて参加される方が多い講座のとき、私はこのように話を切り出すことがあります。動きの理由はあとで説明するつもりで、ふと思いついたように話し出すので、〝狐につままれた〟ような表情になる方も多いのですが、いつも例に出すのは「だれもがふだん日常的にできている」動作です。つまり、「できる」が前提の問いかけですから、このあと言葉はほぼ決まっています。たとえばこんなふうに。

「はい、これがさきほどお話しした〈注意を向ける〉ということです。右肩をあげてください、と言われたら身体の中で注意が右肩に向く。だから右肩があがるわけですね」

「自分ではとくに考えてそうしたつもりはなくても、言葉の指示を理解した身体の中では注意が右肩に向けられている、ということです。

こういうふうに、身体のどこかの部位が動くというのは〈注意がそこに向けられているから動く〉と私は考えています。といっても、なにも特別なやり方があることではなく、実は、ふだんみなさんがあたりまえのようにしていることでもあるのです。

ただ、「動けるのはあたりまえ」と思って、いつも身体の〝自動運転〟にばかり任せていると、たとえば初めての場面や慣れない状況に遭遇したとき、いつもできることがなぜかできない、でも〈どうしたらいいか〉がわからない……ということになってしまうこともあるわけですね。私はいつも感じることですが、身体は具体的な経験を糧にして状況への対応力を身につけていくものだと思います。ですから、ふだんの動作も、ときどきオートからマニュアルに切り替えてみる〈経験〉をしておくといいですよね。飛行機のパイロットが毎回異なる状況に対応するため、着陸態勢に入ると自動操縦から手動に切り替えるようなものです。その経験が日常のさまざまな場面での対応力につながってくるのだと思います。

いま一緒に体験している〈注意の向け方〉というのは、身体の動きをオートからマニュアルにするときのアプローチの一つと考えてみてください」

講座ではこんなふうに始まる、「注意を向ける」と「身体が動く」の関係。

この両者をめぐる関係は、「はじめに」の中でも触れたように、知れば知るほどおもしろさも不思議さも増してくる、身体の法則といってもいいものです。ここからはもう少し〝倍率〟をあげて、その関係の網目を細かくみていくことにしたいと思います。

「慣れ」れば動けるようになるのか？

「ではみなさん、立ち姿勢のまま、ご自分の膝に注意を向けるという動作をやってみましょうか。最初は前（表）側、次は後（裏）側。注意を向ける場所を変えると立ち姿勢の安定感が変わってきますから」

場面は変わって、介護現場のプロも参加する実践講座。介助をするとき、中腰の姿勢をとることも多い介助のプロの中には、腰痛に悩まされ、それが理由で離職される方も少なくないと聞きます。介助する相手の体重だけでなく、自分の体重の半分も腰だけで支えながら動くとなると、その負担の大きさも容易に想像できることです。そういう現場で働く方を迎えての講座ですから、私のミッションというのも、一つには「腰痛予防になる動き方を端的に伝える」ことにあるわけですが、実際に何をどう伝えたらいいかとなると、一筋縄ではいかないところもあります。腰痛にならないたった一つの理想の動き方が、もしあるのなら簡単なのです。ハウツー的に、「こうすればこうなりますよ」という手順だけを伝えられるかもしれませんが、実際は……どうでしょうか？

飛行機の着陸時の例と同じように、介護介助の現場も細かくみていけばおそらく千差万別。たとえば車椅子からベッドや車の座席に移乗させる場面でも、状況や相手が違い、身体の状態が違えば介助する立場の人の動き方も変わってくるはずです。そのように、つねに変化する状況の中で身体を動かしていくものが介護介助の技術だとすれば、動きの形を決めてそれをなぞっていく経験を積むよりも、動きの安定感に深いところで影響をしている〈注意の向け方〉をさまざまな状況の中で経験することを大切にしたい——まず私はそう考えるのですが、こうお話しすると、「経験豊富な介助のプロは慣れで克服できるのでは」と思われる方もいるかもしれません。たしかに一理ある考え方だと思いますが、「慣れ」には身体が動きを覚えるということのすばらしさとむずかしさがあるように思うのです。

話が介助の場面から少々離れますが、いったん身についた動きをすることは、簡単といえばとても簡単なことです。ケガや病気など特別な事情がない限り、手足でも胴体でも、動かしたい部位をその人なりの可動範囲の中で動かすことはできます。もともと大きな苦労をせずにできる動作であるがゆえに、日常の動作としてその動きが自然に身についていくものだとも思いますが、

困ったことになるのは往々にして身についてしまったあとのことです。「動きが身につく」とは、「慣れた動きを定着させてしまうこと」ともいえます。

たとえば、床に置いた重い荷物を持ち上げようとするとき、いつもまず腰をぐっ

と折りまげる癖のある人は、それが慣れた動きなのでなんとなくそうしてしまうのですが、腰の下げ具合によってはやはり負担はかかります。ところがあるとき腰の痛みに気がついて、「もっと負担の少ない動きができないかな？」と思っても身体が言うことを聞いてくれない……。

習慣が固定化した動き方を解除する

たとえば、街を歩く人をしばらく見ているとします。早足で歩く人、のんびり歩く人、歩き方は人によっていろいろですが、ある人に注目してその歩き方を追ってみると、歩き方から受ける印象はどうでしょうか。どこまで追ってみてもほぼ同じ印象になるのではないかと思います。これが、ある特定の身体の使い方から生まれてくる歩き方がその人の中で習慣化されている、ということです。習慣になった動きは考えなくてもできる動きともいえますから、本人にとってもそれが楽だと感じているはずですが、第一話でも触れたように、頭で考える実感と身体が実際に受け取っている負荷とは必ずしも一致しないものです。楽だと思って習慣になった動きをしていたら、実は身体にはそれが負担で、知らないうちに疲労が積み重なり……ということも起こりうるのが習慣化した動きの弱点といえます。

その弱点は、介護介助のプロの方の動きにも同じようにあるものです。慣れた動きとはまさに習慣化した動きなのですが、「注意の向け方と動きは連動している」という、私の見方からすると、これは「他にも注意の向け方（動き方）はあり得るのに、その可能性を閉じてしまっている」ということにもなるのです。

このように「可能性を閉じてしまった」習慣的な動きから、習慣という縛りを解き放つにはどうしたらいいか？――というわけで、戻って最初の講座の場面へ。

私が介助のプロの方々に、「立ち姿勢のままご自分の膝に注意を向けてみましょうか」という問いかけをしたのは、ここに一つの理由があります。

「立つ」という動作は、一見、動きとは呼べないぐらい単純な動きに見えます。自然に立ち姿勢をとれる人なら、何の苦労もなくできる動作でもあります。その一方で、実は「立ち方」には、本当にいろいろなやり方（注意の向け方をやり方とするなら）があるのです。

たとえば、足の指先に注意を向けて立つ、足裏と靴底が触れているところに注意を向けて立つ、目線を前に向けて立つ……もちろん、先にご紹介した指先に注意を向けて立つことも、その一つです。

こうした注意の向け方の違いは、確実に身体の安定感に影響してきます。安定する注意の向け方もあれば、逆に不安定にする注意の向け方もあります。山登りにたとえるなら、「身体の安定」という山頂へのアプローチは一つではなくいろいろなルートがあるのですが、どんなルートをとるにせよ、身体が安定しているときは全身が協力しあって動いている状態ともいえますから、当然、動きやすくなります。

手足をケガしたときなど、ふだん動くところが一時的に動かせなくなると、途端にぎくしゃくした動きになって動きづらさを感じるものです。「立ったり座ったりすることにも、実は身体のすべての部位が働いているのだ」ということに気づいた経験は、みなさんもきっとお持ちだと思います。そんな場面を思い起こしてみれば、ケガをした状態とは真逆の、身体が安定している状態（全身が上手につながって動ける状態）なら、どんな動きをしたとしても、おのずとある特定の部位（たとえば腰）への負荷のかかり方も小さくなり、ひいては、腰痛などから身体を守ることにもつながるはず……と考えるのは、むしろごく自然なことかもしれません。

ただ、ここで出てくる問題が一つあります。状況によって、身体の安定感をとるアプローチを変えなくてはいけない、ということです。たとえば、介助のプロの場合、手は介助する相手の方を支えるために忙しく使われますから、両手の指先を合わせてそこに注意を向けて……というわけにはいきません。手はふさがっている。手が使えないなら、足はどうか？　足裏は全身を支えていますから、脚部で動かせるのは、足首、膝、股関節といった関節部分です。その中でだれもが注意を向けやすい部位というなら膝だろうけれど、さて膝にどう注意を向けたらいいか……と考えて、あるとき私の目に留まったのが、先ほどの講座の場面で私がみなさんに問いかけている、「膝を表側（膝頭）と裏側に分けて注意を向けてみるとどうなるか？」という視点です。

膝の表側か裏側か、注意をどちらに向けるか、違いはそれだけです。

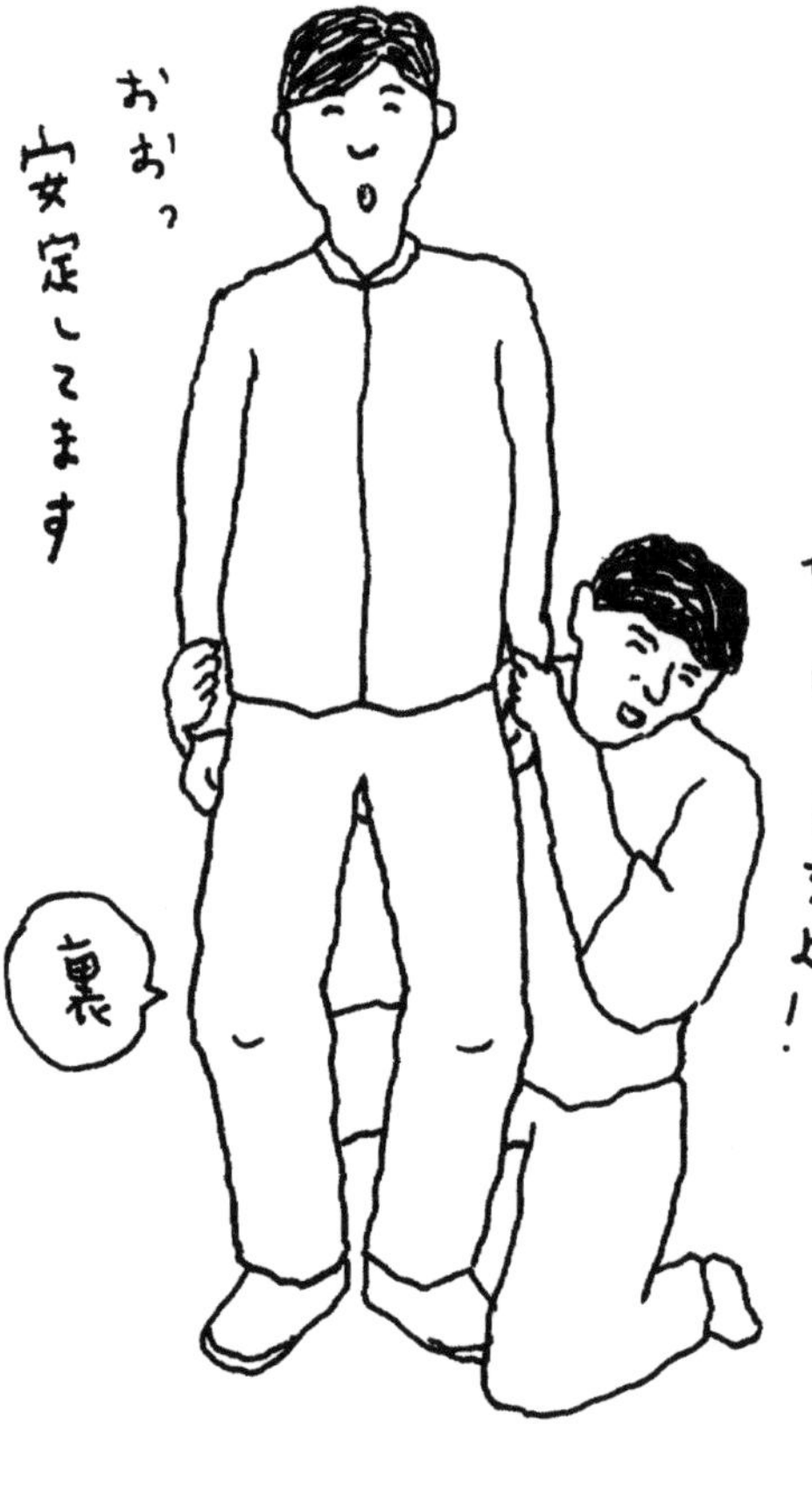
おおっ 安定してます
ひっぱりますよ！
裏

注意が向いているかどうかわかりやすいように、講座では二人一組になって、相手の方に膝の表や裏を指先で触れてもらうことで、注意が自然と向くようにしています。触れられたところに注意を向けられていれば、他には考えることも、心がけることもありません（というより、他のことや、本当に注意が向いているんだろうか等々、いろいろ考え始めると逆効果になります）。それだけで、その立ち姿勢の安定感と動きやすさは――はじめて体験される方からは驚きの声があがるぐらい、大きく変わってきます。

くわしくは前著『不思議なほど日常生活が楽になる身体の使い方』（山と溪谷社刊）の中で紹介をしていますが、介護や介助のプロのように中腰で力仕事をすることの多い方にはとくに役に立つ、注意の向け方だと思います。ぜひみなさんもイラストを参考にご自分で試してみてください。

「何のトレーニングも必要とせず、だれでも簡単に」その違いを体感できるはずです。それはつまり、私たちの身体にはそれだけの力があらかじめ備わっているということ――逆にいえば、まだまだ未知の可能性を秘めているのが私たちの身体である、ということでもあるのです。

「それにしても、なぜこんなふうに身体の安定感が変わるのか？　注意を向ける場所をほんの少し変えただけなのに……」と疑問に思う方も、きっと多いに違いありません。講座でもよく聞かれる疑問です。

一つに注意を向けて立つと……

私なりの理由づけもあり、理由づける見方はさまざまなアプローチが可能だと思ってはいるのですが、私からは「その理由はこうですよ」と断定的に触れないようにしよう、というのがいまのところの私なりの〝心がけ〟です。

自分が「動けた理由」を考えること、それはもちろん意味があることです。私自身、その身体技法研究者という看板を掲げている以上、動けた理由、あるいは逆に動けない理由を考えるということはします。ただ、その理由がわかったからといって動けるようになるわけでもない、それが身体である、ということも経験的によく知っています。先にお話ししたように、武術研究者の父の付き人時代、雲の上にいるような実力を持つ武術家の方々から直接、いま思えば貴重な助言をもらったことはたびたびあったのですが、「頭では〈なるほど〉と思っても、すぐにはできなかったなあ……」と、その頃を思い出しては苦笑いです。

論より証拠という意味とは少し違いますが、論をしたいときは動かずに論を、動くときには論じたり考えたりはしない、ということが結果的には、身体の動きということには良い影響を与えることになるのではないか。そんなことも思います。

実は、このこと――論じたり考えたりすることと動くことを一緒にはしないということ――は「注意を向ける」ときに私がいちばん大事にしていること、「一動作一注意」ともつながってくることでもあります。

「一動作一注意」とは、「ある動きをするときには一つのことに注意を向けることが大切」という意味です。

たとえば「立つ」という動作でも、指先なら指先という一つに注意を向けて立つ場合と、いくつものことへ注意を向けて立つ場合では、明らかに身体の安定感が変わってきます。

私は講座のとき、指先に注意が向けられてしっかりとした立ち姿勢がとれている方に、半ば冗談のように「それで、今日の昼食は何を食べました？」と尋ねることがあるのですが、そう聞かれた途端、しっかりしていた立ち姿勢がぐらりと揺れてしまうのは、一動作一注意の状態が崩れた、ということでもあると私は理解をしています。

逆にまた、崩れた安定を取り戻すことも一瞬でできるところが、身体の不思議な力でもあります。注意が散ったなと思ったら、ぱっと指先に注意を戻すだけで安定感は回復します。注意を向けるところは指先に限りません。足の指先でもあるいは持っているモノでもいいのです。あとの章で別の観点から触れますが、たとえば会議をしていて「今日はなぜか気が散って別のことを考えてしまうなあ」という状態のときは、会議室のテーブルの上にある何か、たとえば花を活けてある花瓶などに注意を向けるだけで、身体の感じが変わってきます。

なぜ、そのようなことが起きるのか？

「動くときは考えない」とお話ししたばかりですが、ここは考えるための場所でもありますから、少しだけ寄り道をしてみることにします。

動物と子どもは
教えてくれる

動物や子どもはどうしてあんなに純粋な動きができるのか？

みなさんは不思議に思われたことはないでしょうか。動物や子どもの動きは無駄のない動きだと昔からよく言われ、それはなぜか？ということは、武術家も含めとりわけ職業的に身体を専門に使う人たちの間では、強い関心を持って問われてきたことだと思います。

私もそこに興味を惹かれ考えてきたのですが、動物にしろ子どもにしろ、彼らの「行動理由が明確である」というところに、私なりのひらめきを感じています。

動物は生きるために動く。そのテーマは決して崩れることはない。食べる、逃げる、あるいは襲う。すべての動きは生きるためです。そこはぶれない。そのぶれなさを、動作と注意という観点でみたとき——もちろん動物は一動作一注意と考えて動いているわけではないのですが、ぶれない目的があるのでおのずと注意は一つに向かっている、とみえます。

子どもも同じです。ただ遊びたいから遊ぶ、身体を動かす。

なぜかというと、それが楽しいからです。周りから見たら子どもは興味のあることだけをしているともいえます。興味のあることだから注意が散らない。興味のあることをしているときの子どもの注意は、つねに一つに向かっている――。

自分の興味という一つに向かっている子どもに比べると、大人の場合は逆につねに注意が散っている状態ともいえます。なぜ注意が散るかというと、もちろん、大人は家庭のことから仕事のことまでいろいろすること、しなくてはならないことがあるから、ということになるのですが、時間でみれば、過去・未来・現在という時間を行ったり来たりしている状態です。

好きな音楽なら、聴いているまさにこの瞬間に没頭していられるので、大人でも時間感覚の消えた経験があったりします。時間という観点でみるなら、動物も子どももも「いま」だけの時間に生きている存在なのかもしれません。明日の予定を気にしたかと思えば、過去にした失敗を思い出したり、いまはそんなことを考えている場合じゃないと気をとり直したり……と、結局はあれこれ考え、程度の差はあれ、つねに注意が散っている大人とはそこが大きく違うところです。

同じことをしていたとしても、その一つのことに注意がしっかり向かっているのか、もしくは結局のところ、なにをしたいかがはっきりしないような曖昧な気持ちでそのことをしているのか。

その違いが、身体の動きにも大きな影響を与えているのではないか――ということが、「なぜ、動物や子どもは純粋な動きができるのか」という問いに対する、私の観点からの一つの答えです。このことを注意と動作の関係に置き換えれば、彼らが「いつもいまを生きている」ように見えるのは、「一動作一注意」がいつも成立しているから、ともいえます。

このように考えてみると、注意と身体の動きの関係に、もう一つ大事な要素があることに、みなさんも気がつかれたのではないでしょうか。

それは、何のために動くのか、「動く目的をはっきりさせること」が、「注意を一つに向けることにつながってくる」ということです。動物が獲物を襲う動きをするとき、ただ襲うためだけに動くということはしていないはずです。その獲物を食べるためにするということ、自分たちが生きるための糧にするためにするという目的が明確だからこそ、無駄のない純粋な動きが生まれてくるのではないか、と思うのです。小さな子どもたちも、「遊ぶ」という目的に一直線です。

この「目的を明確にする」ということを日常生活に活かしてみると、結果として一動作一注意が成り立つ動きが生まれてきます。そうすると結果として、仕事や対人関係の場で混乱していたことに見通しがついて、うまく流れるようになる、ということもあるのではないかと思います。ふだんの生活の中にたくさんの問題がたとえあったとしても、身体が動きたいように動ける、悩みなくすっと動ける、という状態であれば、その一つ一つの物事にあれこれ気持ちを散らされることなく、やるべきことに淡々と向かうことができるはず――というのも、私自身、困ったときに「注意を一つに向ける」方法を場面に応じて〝開発〟し、その方法が有効かどうか試してみることがよくあるのです。

最近、編み出して実践している方法の一つが、忙しいときの体調管理法。忙しさというのは、心を亡くすという意味があると聞く漢字がよく表していることですが、あれもこれもと心が騒がしくなってしまい、注意が散ってしまっている状態です。やるべきことがたまって、いつもなら寝る時間になっても終わらない。どうしようか、明日の体調のことを考えれば寝たほうがいいけれども、いまやっていることも今晩中に終わらせたい、どうするかなあ……と、迷っている状態がいちばんよくないと考えて、こうすることにしたのです。

目の前のことを淡々とやること。それだけに注意を向ける。

こう言ってしまえば何の変哲もないふつうのことのように思えますが、忙しさに気持ちが乱されていると、案外こういう単純なことができないものです。ところが、「淡々と目の前のことをやる」と決めておくと、これはやらなければいけないことだから何時になろうともやるよという気持ちのまとまりが自然につくようになって、気持ちも身体にも落ち着きが生まれます。たとえ二、三時間しか睡眠時間がとれなくても、翌朝の身体の納得感が違います。

「現実を受け入れつつ淡々と目の前のことだけやる」という、日常生活における
この一動作一注意。期待以上に〝効果あり〟です。

高速道路運転中になぜ眠気が起きるか？ なぜお化け屋敷は怖いのか？

ところで、この「注意の向け方と身体の動き」の関係について研究していたある
日、テレビ番組の中にこんな興味深いテーマを発見しました。
〈高速道路を運転していると眠くなるのはなぜか？〉
心当たりのある方も少なくないのでは、と思いますが、眠くなるときというのは
不思議なもので、パーキングで一眠りしてから運転し始めたはずなのに、すぐまた
眠気に襲われることもあります。寝不足が原因ではないとすれば何が原因なのか。
その仕組みを解明しようというのが、番組のテーマでした。
番組を観たあと、私もいろいろと調べてみたのですが、主な原因は「運転中の目
の動き」にあったようなのです。高速道路では一般道のように走ったり止まったり
を繰り返すわけではありませんから、目の動きも限定されてきます。車を降りて眺
めたいような綺麗な景色の中を走っているときも、道路脇の景色に気をとられてい
るわけにはいきません。運転中、九割方は前を走る車を中心にした前方の景色に目

を向けている人が多いのではないでしょうか。ところが、そうやって変化の少ない前方の景色や車にじっと目を向けているうちに、目が前方の一点に固定されてしまうような状態になり、それが引き金となって、考えたり外からの情報を処理する能力が弱まり、やがては目は開いているのに眠ってしまっているような、つまり催眠状態に陥ってしまうらしいのです。

「目の使い方」にも研究のうえで興味があった私には、期待以上に納得のいく結論であったのですが、実は、運転中のこの「前方の一点に視線が固定化されてしまう」という現象は、先ほどまでお話しした「一つに注意を向けること」という観点で読み解くこともできるのです。

注意にも「濃度」がある——というと、料理の話のようですが、よく似たところがあって、たとえば食塩水の濃度が濃すぎると塩辛く感じ、薄すぎると物足りなく感じるように、注意における濃淡の違いは身体の動きにも影響を与えるのです。

注意がある物事に強く向くこと、あるいはある一点に向くことを、私は「注意が濃い」ととらえています。一つに注意が向いていることはいいのですが、注意が「濃く」なりすぎると、注意を向けたこと以外は〝盲点〟になってしまうことが問題です。高速道路運転中に起こる催眠状態がまさにそれで、前方への注意が濃い時間が長く続いたために、視野が狭まり、情報が入ってこない状態になってしまったのだろうというのが、番組を見ながら私なりに立てた仮説でした。

運転以外でも、この注意の濃淡という視点で読み解けることはいろいろあります。

たとえば、柔道の技。技の掛け合いの中に、相手の注意を寄せたり（濃くする）、注意をそらす（薄くする）という、身体の動きが始まる前兆のような、注意のやりとりを見て取ることができます。

掛けたい技をかけやすくするために、まずは別のところに相手の注意を寄せておいて、相手が引っかかって注意がそこに濃く向かったところをパッと取って本命の技を掛けにいく……というようなやり取りです。一般的には駆け引きと言われているようなことですが、注意の向け方とその濃淡という視点から読み解けば、こういうストーリーを描くこともできるのでは、と思います。

注意を向けるということの中に濃淡という観点をおくと、先にお話しした「一つをとらえる」「一注意」ということも、「濃淡のいずれかにより過ぎないことが大事」といえます。一つをとらえながらも決してそのものだけをとらえているのではなく、「その周囲に付随していることも踏まえている」という意味合いがあるということです。さまざまな要素すべてを一つ一つ把握することは難しいので、「まずその中の一つに注意を置くことによって、全体を見ましょう」という考え方ともいえるかもしれません。

言葉にすると難しく聞こえるかもしれませんが、たとえばカフェなどで打ち合わせをしているときも、話に没頭するのではなく、適度な濃さで相手との話に注意を向けられているときは、店内の様子がどうか、店員が近づいて来たかどうかも、とくに注意をそこに向けなくてもわかるような状態にあるものです。それがニュートラルポジションにあるときの、「一つをとらえる」ではないかと思います。

これは寄り道の話ですが、「お化け屋敷が怖い人と怖くない人の違いはそういうことなんだろうなあ」と思います。

注意の濃淡と内と外の関係を読む

いまかいまかとお化けが出ることに気がとられている人というのは、一点に集中を寄せられている状態、つまり、注意が濃すぎる状態にある人です。そこへ、あらぬ方向から突然、わっと〝お化け〟が来るのでびっくりしてしまう。そういう人は足元に土管が転がっていても、「わーっ」となってしまうでしょう。対照的に、注意が濃すぎず薄すぎず、全体をふわっととらえているような人は、それこそお化け屋敷の舞台裏までイメージが届いている人ともいえますから、急に来られてもハハハと笑っていられます。先ほどの柔道の例もそうですが、駆け引き的な場面では、注意の〝寄せ合い〟が意外なほど水面下での重要な鍵になっている、という見方はできるのではないでしょうか。

「注意の濃淡」から「注意が向いている先はどこか」という視点へ移して、もう一度、催眠状態の検証をしてみたいのですが、眠気に襲われたときには情報が入ってこない状態になっていると考えると、目は一見、前方を見ているようだけれど実は見ていないのだ、と考えることもできます。

ではどこを見ているか？と問われたら、私はこう考えます。「注意を向ける先」を、自分の内側か外側かに分けるとするなら、外側にしっかり注意が向いているときは情報もスムーズに入ってくるはず。逆に自分の内側にしっかり向いているときは何かを思考しているときだから、考えそのものは進むはず。しかし、催眠状態はそのどちらでもないということは、注意がぼんやりとしてどこにも向かっていないということではないか——。

注意を向ける先が「自分の内か外か」

この基準は、なかなか応用範囲の広い視点です。

たとえば、球技の選手がボールを追いかけているときがまさに、「自分の外側にあるボール」に注意が向いている場面です。こういう場面ではほぼ考えるということを、身体はしていないのではないでしょうか。逆に、思考しているとき、つまり「注意が自分の内側に向かっている」ときは、身体は意図的な動きはしていない、と私の経験は教えてくれます。もちろん、何か考えごとをしながら歩くことも私たちはよくするのですが、そういうとき、歩くという動きはある一定のリズムを刻むだけ、つまり単調な動きであって、複雑な変化のあるような動きはしていないという場合がほとんどではないかと思います。いわゆる〝歩きスマホ〟をしている人の動きがまさにそれです。

高速道路を運転中という場面にもう一度戻って考えると、運転し始めた当初は、注意は自分の外側、つまり周囲の景色や状況に向けられているのですが、運転に慣れ、しかも目に留まるような変化が乏しいと、徐々に注意が散ってぼんやりしてきます。そのとき、ぼんやりとした注意に何らかの刺激を与えて覚醒させ、外の情報を自分に認識させる（戻してくる）こと、それが催眠状態から抜け出す方法にもなる、と考えることができます。

ごく簡単な方法なら、バックやサイドミラーをちらちら見る、ぐらいの刺激でも、多少の効果は得られるのですが、私の場合は、もっと明確に注意を自分の外側に向け、そこで得られた情報を自分に戻して循環をつくることができるように、たとえば、運転中の実況中継のようなことを試してみたりします。バスの運転手さんのような感じといったらいいでしょうか、「ハンドルよーし」、「はい、トラック行った」……

のようにして、自分で自分に〝一人声かけ〟をするのです。

ここに関連して思い出すのは、テニスの松岡修造選手のことです。ご自身が語っていたことですが、現役時代、自分はメンタルが弱かったから、「大丈夫だ、大丈夫だ、がんばれ、がんばれ」と、よく自分にいい聞かせていたという話を聞いたことがあります。

発想の原点——どうしたら「その場にただいること」ができるのか?

コートという場の緊張感や、相手からくるプレッシャーといった自分の外側の力に〝持っていかれそう〟だったから、自分で自分を応援するしかなかったという意味合いだったと記憶していますが、この興味深いエピソードを注意の向け方という視点で読み解くなら、自分の外側に濃く向かいすぎていた注意を自分に戻すために松岡選手は自分を励ましていた、と考えることができるかもしれません。

こうして「注意の向け方と動きの関係」をみなさんにお伝えしながら改めて思い出すのは、武術研究者の父の付き人時代のことです。

たとえば、父が雑誌社の方などから取材を受けているとき、私はただそこにいるだけの存在ですから、どのようにして「その場にただいればいい」のか、ずいぶん考えたのです。話している父の話に私が頷くのもおかしい。かといってシーンと黙りこんでいるのも、それはそれで場の空気を乱してしまう。つまり存在感を出しすぎてはいけない。ならば、どうしたらいいのか？——と、考えて出てきた答えが、「ごく自然に振る舞えばいい」。

コップを持つならコップを持つことを当たり前にやったらいいというだけなのですが、大きくひとくくりにいえば、「ごく自然にいよう」と。とはいっても、自然にいようとすればするほど、そのようにいられない。「自然にいる」が「止まっている」では「自然ではない」。であれば、どうしたらいいか……という疑問に発展して、水の入ったコップを取ろうとしたときに違和感なく取るにはどうすればいいか、というようなことを真面目にあれこれ考え……という経緯を経て、

「コップに注意を向けてみたらいいのではないか」

という発想にたどりついたことは、いまも忘れられない経験の一つです。

もちろん、それは出発点であり、さらに注意の向け方を細かく多方面から研究することになっていったのですが、コップを自然にとるにはどうしたらいいか、という問題意識が、指先に注意を向けてはどうかという発想にもつながっていったわけですから、ここまでみなさんにお話ししてきた「注意をどこにどのように向けるか」という視点は、身体技法の研究をする私の発想の原点ともいえることなのだと、思いを新たにしています。

研究ノートから❶

自分で発見していくことの価値

頭ではわかっているつもりでも、あらためて一つ一つ身体を動かしながら突き詰めていくと、いかに「つもり」であったかを思い知らされることがある。

私の講座でも、「歩く」や「立ち上がる」などだれでも当たり前にやっている動きを材料にして、その動きが実際にどのような仕組みで成り立っているのかを検証したりするので、最初は「立ったり座ったりすることに何の意味があるのだろうか？」といぶかしげな表情をしている人もいたりする。しかし講座が進むにつれ、自身の身体が自分の「つもり」を超えた反応をしてくると、頷かざるを得ない、という表情に変わっている場面に遭遇することも多くある。

学校での理科の実験なども、結果がわかっていることをなぜやるのかという意見を聞いたことがあるが、目の前にある素材を混ぜたり火をつけたりして、その変化の一部始終を観察するという行為を自分が行った、ということに意義があるのかもしれない。

実際に身体を動かすことで、実践しながら掘り下げていくと、理解はより深まり、おのずと知識も洗練されていく。

そうやって洗練された先に、いわゆるデザインなどの黄金比や数学の公式などが発見されてきたのだと思う。人に教わるのではなく、自分で発見していくことの情報量はとてつもなく多いものだ。

筋トレの必要・不必要をめぐる議論に対する見解

筋トレについて肯定か否定かと問われると、一般論としてはどちらでもないというのが私の回答である。

筋トレをしたことで筋力がついて動きやすくなった人もいれば、反対に筋トレをやりすぎて腰を痛めたという話も聞く。何事もやり方によって効果は高まったり、その逆もあったりするものだ。

私自身は、「筋トレはしないほうがいい」と言っていた父の存在もあり、筋トレをしなくてもいかにパフォーマンスを上げるかということを探求してきた。いまもその考えに変わりはない。つまり個人的には「筋トレはしなくてもいいもの」ではあるのだが、一般論として全否定するかというとそういうつもりもない。

かつて高校生の陸上部員に指導をしたことがあり、そこでも生徒のほとんどは筋トレをしていた。当時はまだ、筋トレはしないほうがいいのにな……という心の声が私の中にもあったので、目の前で筋トレをしている後輩を見ながら筋トレを続けさせていいのだろうか、と葛藤したこともある。もちろんその場ですぐにやめるように言うこともできたが、本人達が納得しないままやめさせても、意味はないと思う気持ちもあった。とくに男子生徒からは、腹筋が割れたマッチョな身体になりたいという具体的な目的も聞いていたので、なおさら言いづらい。そうした一連の出来事から、筋トレはしてはいけないわけではなく、その人の価値観や目的に応じては〝あり〟なのだと思うようになった。

筋トレをする理由は人それぞれに違うし、たとえばボディービルをしている人にとっては筋トレはな

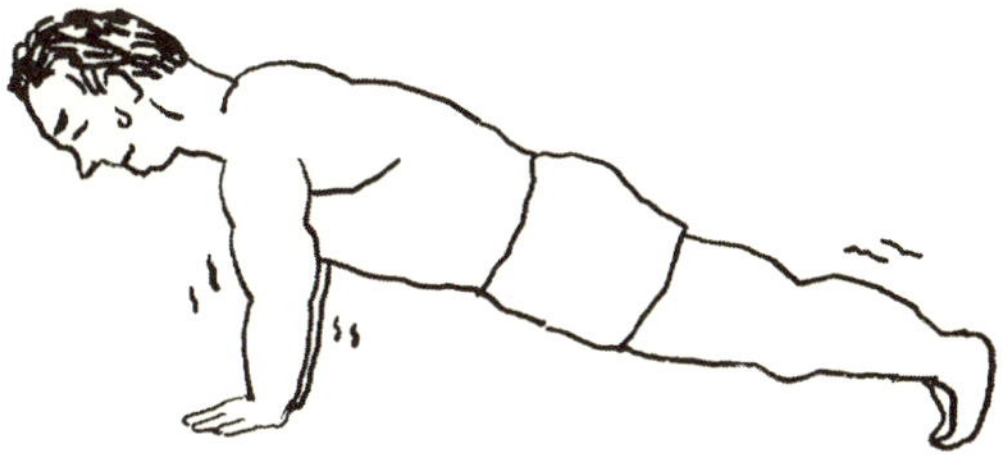

くてはならないものだろう。しかし、どんなジャンルのスポーツ選手であれ、トレーニングの目的はパフォーマンスを上げることにあるはず。筋トレがそこにつながる手段であるかどうかは、自分で考えなくてはならないことだと思う。自分で考え、必要だと思うことならばとことんまでやってみる。そしてやりきったところで何が見え、何を感じるのか？　それは自分で経験するしかないと思う。

「身体を鍛える」となったときに大事なことは、なぜ何のためにそれをするのか、という原点を忘れないことだ。どうして鍛えたいのか？　何を求めているのか？——身体を鍛えることの目的と目標を明確にすることが重要だ。そんなことを考える機会はなかなかないかもしれないが、考えてみる価値は十分にあると思う。筋トレに限らずまずいろいろな選択肢を考えてみる。そのうえで、心身ともに納得するところを見つける。そうすれば、方法はおのずと絞られてくると思うからだ。

スランプ脱却の鍵

多くの人が経験するスランプ。いつもと同じことを繰り返しているはずなのにいつの間にか忍びよってきて、いったんスランプの状態になると、抜け出すことはなかなか難しい。

　自分自身がこうしたいという思いがそのまま実現できていたときには、思いと行動が伴っていたわけだが、そこに歪みが生まれてくるとスランプになりやすくなる。

　これまで講座などで多くの人を見てきたが、スランプ状態にある人を大きく分けると、内向き傾向と外向き傾向の人がいるように見受けられる。スランプ脱却には、まず自分の傾向を知ることが鍵になるのではないだろうか。

　内向き傾向の人は自分に注意が向きがちになり、自分の中で考えをずっと巡らせる人。時間軸としては、いまよりも過去に気持ちが向いてしまいがちだ。そのため、気持ちが前向きにならず、具体的にどうしていったらいいかということを考えるのが苦手な人という印象がある。

　外向き傾向の人は、周囲の様子や出来事に関心が向いていってしまう人だ。時間軸としては、いまよりも先のことに目がいくので、何が原因でスランプになったかということをじっくり振り返ることなく、次へ次へと追いかけてしまいがち。

　そのため外向きの人は、ぜひとも落ち着いた場所を見つけて、そこでじっくり考える時間をつくってみていただきたい。いっそのこと、登山や長時間のフライトなど、強制的に考える時間をつくってみるようにしてもいいかもしれない。

内向きの人は前を向くためにも、だれか信頼できる人と話ができるといいだろう。人と話す、というだけでも外への働きかけになってくる。

もちろん、だれもがどちらの要素も持ち合わせているのだが、思い通りに動けないスランプのときには、それぞれの対処の方向性を押さえておくことも参考になるだろう。

同じようで違う「注意」と「意識」

私は動きやすさを得るために、「一つに注意を向ける」という表現を使っている。しかし、「注意を向ける」という言葉はいつの間にか、「意識をする」という言葉に変換されてしまう場合が多くある。しかし、「注意を向ける」と「意識をする」という言葉は似ているようにも思えるが、この二つには明確な違いがある。

あくまで私のとらえ方だが、「注意を向ける」は、身体の動きを滑らかに優位にするカラダ言葉。「意識をする」は、計画を立てたり考えをめぐらすためのアタマ言葉だとは考えられないだろうか。このことは、実際に身体を動かすときに使ってみると明白になる。

だれかに実験台になってもらい、その人の目の前にカップを置き、「カップに注意を向けて立ってください」といってカップに注意を向けてもらい、その人の肩を揺らしてみる。このとき、身体は揺れないことに気がつくだろう。同じように「カップを意識して立ってください」というと、どうだろう？　前と同じ強さで揺らしているのに、今度は身体が揺れてくる。

「注意」は安定し、「意識」は不安定になる。不思議なことに、身体はこの違いを正確にとらえているのだ。

朝寝坊の人が、毎朝早く起きようとするときや、新しいペンを買ったにもかかわらず、つい忘れて古いペンを使ってしまう場合など、今までの習慣や癖を改めようとするときには、「意識をする」という言葉の出番だ。意識という言葉は、何かを見たり

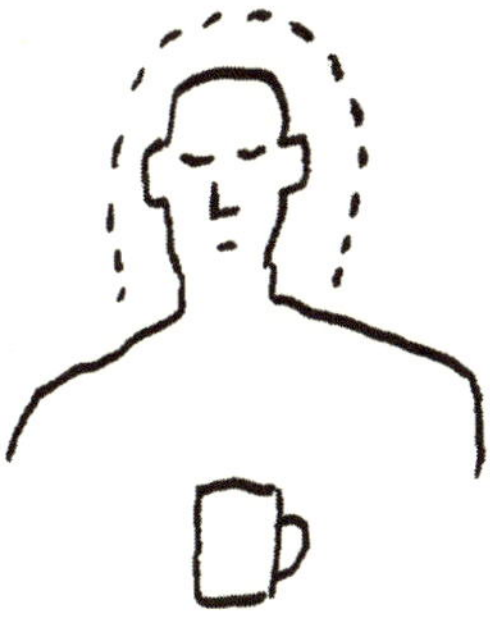

覚えたり、今までの前提を変える必要があるときに、標準を合わせるべき一点を変更する目的で使うと効果がある。

それに対して「注意を向ける」は、意識したことを受けて実行に移すときの言葉である。車や自転車などを運転するときに、危険な運転はしないようにすることを意識したら、これだけで運転をするときの前提ができる。そして、運転をするときには、前方や周囲の状況に注意を向けるようにする。車線変更をするときには後方をちらっと見て、車が来ているかどうかを確認するわけだが、このような瞬間的な動きを引き出してくれるのは、「注意を向ける」という言葉だ。「後方を意識する」だと、言葉の持つ身体感覚としても振り向いている時間が長くなり、運転中において前方への注意がおろそかになってしまう。

ふだんの生活の中でも、人と話すことが苦手な人は、相手を見たり聞いたりするのではなく、「相手に注意を向けて」みるようにする。そうすることで、余計な緊張感なく相手の話に耳を傾けることができ、自分の話したいことも自然に出てきやすくなってくるだろう。「相手を意識して」話そうとすると、どうしても身体も言葉もこわばってしまいがちになるのは、想像できることではないだろうか。

人と息を合わせるコツ

仕事でだれかと話をするときに、うまく話が合えばいいのだが、なかなか息が合わないということもある。お互いに共通の話題や価値観が見出せないままでいると、一歩引いたままの関係ばかりが続くことにもなりかねない。

「息が合う」という言い方があるが、人と人の関係は、まさにお互いに無理なく合わせられる共通項を見出してこそ、成り立つと思う。

ただそこが、なかなか掴みにくいところでもある。それはお互いの共通の話題がすぐにつくれないこともあるからだ。

こんなとき、たとえば、同じところに注意を向けるという手を使うのは〝あり〟だと思う。それは、共通体験をするきっかけをつくることにつながる。

たとえばその場が喫茶店なら、メニューを見て、「このコーヒーは、何でしょうね？」と相手に話しかけてみると、それが共通体験——この目の前にあるコーヒーについて一緒に考えたという——のきっかけとなる、ということだ。この「コーヒーは何か？」というちょっと変に聞こえる質問が、また効果を持続させてくれる。「何か？」と言われたことから連想されることは実にさまざま。味のことかな？　香りや産地のことかな？と思いがめぐり、共通体験をする時間は増えていく。共通体験を引き出す原点はメニューのコーヒー。なんだか不思議な会話の始まりのようにみえても、共通項から派生した話題であることには変わりないから、「息が合う」ための下地づくりとしては十分に機能してくれるのだ。

「型」はどうやって生まれてくるのか

「型」と聞くと日本の伝統的な芸事や武芸の世界が思い浮かぶ。実際、能や歌舞伎、日本舞踊などの芸事から、茶道における様式、さまざまな流儀の武術の稽古に至るまで、「型」は共通して用いられているようだ。動きの形と手順が一つになって示される「型」があることで、動きという文字にはしにくい技術が継承されやすい、ということはあったのかもしれない。

では、型はどうやって生まれてくるのだろうか。

私は、具体的な動作とそのときに生じる感覚や印象が合わさって、型となるのではないかと思っている。

武術やスポーツなどにおいて、同じ動きをしているように見える型稽古やルーティーンの練習があったりするが、ただ同じ動作を繰り返しても、なかなか身につかなかったりする。それは、不十分な状態にあるからではないかと思う。

たとえばコーヒーを飲む動作をモチーフにして考えてみよう。コーヒーを飲むには、カップを手に取って口元に持っていき、飲む。動作としてはただそれだけのことだ。そして、飲み終わるまで何も考えず、同じ動作を繰り返す。具体的な動作という視点でいえば変化のないことのようにも見えるが、これを見た目だけでなく、実際に飲んでいるときに、ほかにどのような感じを受けているかということも考えてみるとどうだろうか。

コーヒーも、淹れたてのものだと思ってみよう。そうすると、カップを口元に近づけたときに漂う香りがある。

口に含もうとするとまだ熱いので、ゆっくりと飲む。これだけでも香りに和む気持ちが生まれたり、慎重にカップを傾けようとする手触りが出てくる。さらに、同じコーヒーを一時間後に飲んだらどうだろうか。時間の経過とともに温度は冷めて、香りや味も変わってくる。

淹れたても一時間後も、コーヒーカップを持って飲むという動作は一緒だが、飲んだときの印象はまるで変わる。同じ動きを通して、それぞれの瞬間に実はさまざまな違いを感覚的に経験しているはずなのだ。このことを自覚できるようになると、それが型となり、稽古となっていくのだろうと思う。

時間がないというお客さんにコーヒーを淹れるときに、熱々のコーヒーを出してはすぐに飲めない。少しでも飲んでいってもらいたいと思うならば、飲みやすい温度になったものを出す。当たり前のことだが、どのぐらいの温度が飲みやすいかという感覚的な経験がなければ、その時間の中で飲みやすく、おいしくなるようにコーヒーを淹れることはできない。ふだんからコーヒーの飲みやすさを気にして飲んでいない人は、身体を通した印象がないため、どのくらい前から段取りをしておくべきかという流れを想像することができないのである。

コーヒーを飲むことだけでなく、家事や通勤など、毎日同じことの繰り返しと思っていることも、四季の違いによる変化などを同時に感じとってみるように心がけてみると、自分の中に残る経験値が変わってくるはず。

具体的な動きの中で感じた変化を経験値に織り込むことによって、さまざまに応用が効く型となっていくのだと思う。そう考えると、日常生活の中にも型はあふれかえっているといえるだろう。

直感を磨くには

友人へのプレゼントを選ぼうと店を見て回っているとき、これがいい!と、パッとひらめくことがある。プレゼントをする相手との思い出が脳裏をよぎったのか、過去に良いものだと知っていて忘れていたものなのか、なにかがつながってこれだと思った瞬間だ。このふっと芽生えてくる「これだ!」という感覚、それが直感というものではないだろうか。

「これだ!」という直感がやってくると、それまであった迷いも消え、すっと心地よく行動できるようになる。これは、身体の末端である指先に注意を向けてすっと動きだせたときに似ている。余計な力がかかってうまく動けないときには、方向性の見えない停滞した状況。そこにちゃんと指先から動くことができれば、身体の構造としても無理がなく、動きに安定感が生まれて余計な力は必要がなくなってくる。

　同じことが直感をもとに行動することにもいえるのかもしれない。その意味では、直感は身体感覚の末端であるともいえるのだろう。ただ、問題は、直感によって行動しているつもりがうまくいかないときはどうするか、ということだ。身体でいえば、本人は指先から動かしているつもりでも実際は肩から動かしていたりするために、うまくいかないということがある。本人の「つもり」と実際がずれているがゆえに起こることだ。

　直感はさまざまな物事に対してその人が受けた印象の集積から生ずる感覚ともいえるが、日常生活の中では一つ一つの物事に対する自分の印象をそれほど突き詰めていない場合も多いのではないだろうか。たとえば、「ランチは何にする?」と会社の同僚から聞かれて、「なんでもいい」と答えてしまうときがある。しかし、「本当になんでもよかったのかどうか」と食べ終わったときに一歩踏み込んで自分に問いかけたとき、実は別に食べたいものがあったことに気がつくこともある。ふだん物事に対する自分の感覚を突き詰めてとらえていないために、実はもっと突き詰めた先に魅力を感じている自分に気がつかない、そのために直感ではないものを直感だと思い込んでいる、ということがあるのではないだろうか。

本来、本当の直感は頼りになるものだと思う。なぜなら、それは自分の経験値の集積から生まれてきたものだからだ。自分がどんなことにどんな印象を持ってきたか、何に興味を惹かれてきたか、そうしたさまざまな実際の経験が土台にあるもの、それが本当の直感だと思う。

本当の直感と出会うにはどうしたらいいだろうか？

身体の末端である指先から動くとき、大事なことは目的を明確にするということだ。何のために腕を伸ばすのかが明確であるほど、身体は末端から自然に動いてくれるようになる。同じことは、感覚の末端である直感にもいえるだろう。日常生活の中で出会うさまざまな物事に対する印象をていねいに拾い上げること、「いま何をやりたいのか」「どんなことに興味を持っているのか」について突き詰めてみること、などをその都度自分に問いかけていくことで、自分の中で確認する習慣ができあがり、ひらめきを得やすくなるのではないだろうか。

はじめは、それが何につながるのかわからなくてもいい。結果はおのずとやってくるもの。ことあるごとに自分の感じていることを気にかけてみることによって、直感は徐々に磨かれてくるものだと思う。

第三話

「見る」「聴く」「触れる」にみる五感の活かし方

～「見る」より「目線を向ける」で身体が安定するのはなぜなのか？

「新しいわたし」を発見するための
ひとコマ講座❸

大事なのは「相手」ではありません

相手を助けたいという気持ちは大切です。それが行動理由の原点になるわけですが、実際に介助するときは、助けたい相手より、「自分が触れているところ」が大事。誤解のないように補足すると、助けたい人が大事だからこそ、「自分が触れているところ」を大事にしましょう、ということ。相手を抱え上げようとすると全身に力が入ってしまいますが、触れたところのみを上げようとしてみると、不思議と楽に抱え上げられるのです。

五感は身体に備わっている〈あたりまえの力〉

無理に達成感や強い実感を追うことよりも、「あたりまえに動けている感じ」を気にかけていくほうが、「自分の本来もっている能力はますます磨かれてくるのではないか」とわたしは思います。（『驚くほど日常生活を楽にする　武術&身体術』山と溪谷社刊より）

この一文は、数年前、武術研究者の父との共著を出版する機会をいただいたときに、〈「あたりまえ」の力〉と題して書いた拙文からの抜粋です。講座などでみなさんと一緒に取り組むテーマは、その頃からずいぶん広がったように自分でも思いますが、しかし、考え方の根本はいまも変わらず引き継がれているのだなあ、と改めて再読して感じたところです。

変わったとすれば、私が自分自身の体感そのままに表現した「あたりまえの力」、つまり私たちの身体にもともと備わっている力の活かし方を、より具体的な技法としてお伝えするようになった、ということかもしれません。

「見る」「聴く」「触れる」といった、いわゆる五感の働きも、身体の持つ「あたりまえの力」の一つです。むしろ、あたりまえすぎて身体の力という実感がわかかない方が多いかもしれませんが、周辺の環境との接点という、ことによっては生死を分かつことにもなりかねない、身体の最前線で力を発揮しているのが、「見る」「聴く」「触れる」でもあるのです。その意味では、五感は身体が持つ「あたりまえの力」の代表と呼んでもいいのではないでしょうか……そんな説明をしながら、本の編集会議をしていたある日。

会議室の天井に照明器具メーカーのロゴマークがあるのがふと目に留まって、即興の講座を思い立ちました。

「○○さん、天井のロゴマーク、見えますよね？」

「その真下の位置に立ってロゴマークを見上げていただけますか。そうすると、頭は身体の背中側に傾く感じになりますが、これは重心が少し後ろになっている状態です。この姿勢のまま、私が鎖骨を軽く前から後ろへ向かって押しますが、どうでしょう？　押されると身体はかなり揺れますよね？」

どんな状況か、想像がつくでしょうか。みなさんも、この本を読んでいる姿勢のまま、天井を見上げてみてください。その目線の先に何かマークのようなものが見えるとして、そのマークを「見る」。そのとき、身体の状態が安定しているかどうか、それを私がチェックしている——そんな状況です。

首から上の頭が背中側に倒れている状態ですから、身体全体の重心はやや後ろ側にあるはずです。そのぶん、身体はふだんの自然な姿勢よりも後ろ側へ倒れやすくなっているうえに、前から後ろ側へ私が力を加えるわけですから、後ろへぐらりと

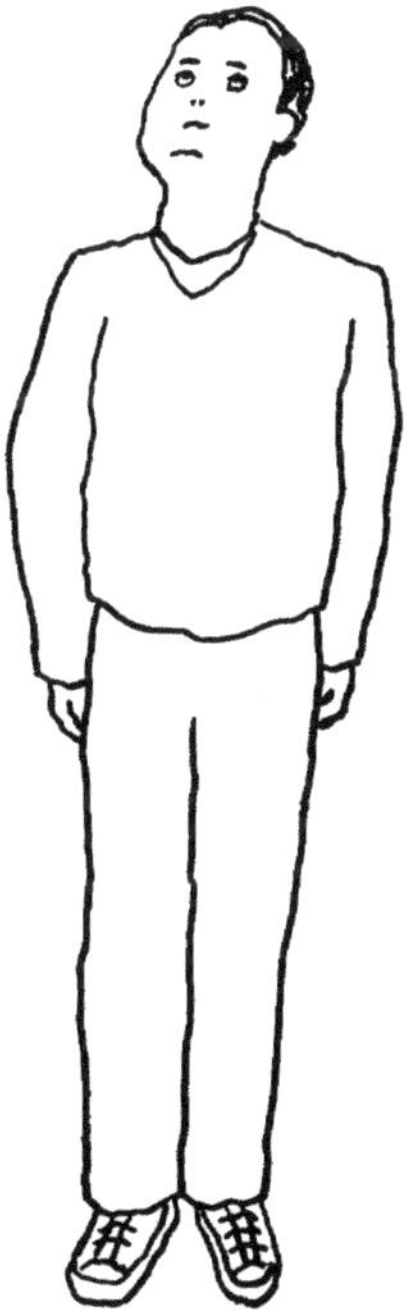

傾くのは当然です。

「では、もう一度。今度は目の使い方を変えてみましょう。さっきは顔を天井に向けてマークを〈見る〉でしたが、次はマークに〈目線を向ける〉でやってみてください。〈見る〉から〈目線を向ける〉に変えるだけです。どうですか？　今度は大丈夫ですね。しっかりとして、さっきよりはるかに安定していますよね」

「見る」ではぐらついた身体が、「目線を向ける」にすると、一転して見違えるように安定する。なぜ？　これはどういうこと？

被験者になっていただいた方の頭上で見えないクエスチョンマークがたくさん飛び交ったおかげで、会議はその後、いつも以上に盛り上がったのでした——。

「見る」と「目線を向ける」の違いとは？

「見る」を「目線を向ける」に変える。

それだけで、身体の安定感がなぜ変わるのか？　身体の中で何が起きているのか？

「指先を合わせる」なら、手の動きという傍目にもわかる身体の動きが実際にありますが、「見る」と「目線を向ける」では、傍目には違いがほとんどわからない、まさに「見えない」ほどの微細な動きです。腑におちようにもおちきれない、というのがはじめて体験された方の率直な気持ちかもしれません。

その理由をどう説明するかは、身体の動きというものをどこの視点からどのように観るかという、読み解く人の視点にかかってくることですが、私は、第二話でお話しした「注意がどこに向いているか」という観点がわかりやすいのではないかと睨んで、こんなふうに考えています。

「見る」はそこ（見ているもの）に注意がいくが、「目線を向ける」は足裏（もしくは身体の安定をとりやすいところ）に注意がいく。

「見る」が、見ようとする対象、先の例では、天井のマークに向かうのは当然のことです。ただ、「見よう」とする意思が働くぶん、向ける注意が「濃く」なってしまう。注意の濃さが身体の不安定感を引き出してしまうことは、第二話でも触れた通りです。

一方の、「目線を向ける」。これはただ単に目を対象に向けているだけですから、「見よう」とする意思も、「見ない」という意思もない、いわばニュートラルの状態にあるといえます。注意の濃度は濃いと薄いの中間、濃くもなく薄くもない。このときの身体の状態を車にたとえれば、いつでも動き出せるようエンジンは温まり、アイドリングをしている状態といったら近いでしょうか。ビデオカメラにたとえるとよくわかるのですが、カメラがとらえているものを録画しているときは「見る」の状態、対して、カメラのモニター画面に映像は映っているけれどもまだ録画には入っていない状態、それが「目線を向けている」身体の状態です。

この「目線を向ける」状態のとき、「見る」から解放された身体は、その状態での安定をとるために、もっとも優先的に向けるべきところに自動的に注意を向けていきます。とくに揺らされるという状況であれば、本能的に身体は安定をとろうとするので、一般的には足裏であり、人によってはより身体の安定をとりやすい部位ではないか――私の経験を仮説にするとこんな説明になるのですが、よくいわれる「ぼんやり見る」「周辺視」という状態に近いのかなとも思います。

第四話でも触れるように、言葉の受け取り方は人によって異なるところもありますから、「〈見る〉から〈周辺視〉をしてください」というだけでパッと変われる人もいれば、そういわれて「周辺を見る」をしてしまう人も出てきてしまうのですが、「周辺を見る」と「周辺に目線を向ける」の違い。どちらが安定感のある状態か、それはもうみなさんもおわかりのことだと思います。

生死がかかった場面でも、身体の〝本能〟は変わらない

「身体は基本的に、つねに安定をとろうとするもの」というのは、私の経験からも頷けることですが、これも身体が持っているあたりまえの力、言葉を変えれば本能といっていいものかと思います。

これは武術研究者の父から聞いたことですが、人間というのは崖から飛び降りて自殺しようと思っている人でも、崖っぷちの手前でつまずいたりすると、思わずバランスをとって転倒を避けようとしたり、手をついて身を守ろうとしてしまうものだよ、という話があります。生死のぎりぎりのところに置かれたときの自分がどのように振舞うか見てみたいという、そんな気持ちもあって武術の道に入ったと聞く父らしい話だと思います。たしかに、命を投げ出そうとしているのに本能的に転倒を

セーブしようとするのが人間だ、というのは、そうそう簡単には割り切れない人間性の一面の真理なのかな、と私も感慨深く思います。
この場面を、身体の使い方と注意の向け方という観点で読み解けば、これで終わりと決めた場面であっても、「転倒するかも！」と危機を感じ取った身体は、安定をとるためにどこか一箇所に注意を集めることはしている、ということになるでしょうか。いわゆる一動作一注意の状態です。いざというとき、つねにそういう状態を一瞬のうちにとろうとするのが身体である、ということなのかもしれません。

その意味では、「見る」という五感の働きを使うことも、一瞬でパッと「見る」をするなら、そのものを認識するというよりも気にかけたぐらいになるので、ちょうどいい塩梅で対象に注意を向けていることになってきて、身体の安定感はとれるはずなのです。ただし、しっかり見続けてしまう状態、言い換えると「目を使いすぎる状態」が続くと、注意が濃くなり、身体の安定感が崩れ始めてしまいます。そして、目を使いすぎることで弱くなる身体の安定感をカバーしようとして、身体の不要なところに余分な力が入る、ということが必然的に起きてしまいます。その悪循環の積み重ねから、肩こりや腰痛を引き起こしてしまうことも珍しくないのです。

「目を使いすぎる」人が陥りやすいこと

以前、現役の理容・美容師さんと一緒に、「身体を壊さない」をテーマに講座を開いたことがあります。そこではじめて知ったのは、高い技術を持つ人でも「目を使いすぎる」やり方をしている方は首や肩、腰などに負担をかけやすく、身体を痛めているケースが多いということでした。たとえば、ハサミを使うとき、髪を切っているハサミの動きを追い続けるようなやり方をしていると、身体が固まる感じが出てきます。これは「目を使いすぎている」状態です。話を聞くと、逆に身体を壊さない人はハサミを使っている手元を見ない、目をやったとしてもパッと見るぐらいで、ヘアスタイルという全体に「目線を向けている」ということなどもわかり、「目の使い方」について、私も勉強になった経験でした。

長時間やったから、緊張していたから、という理由とは別に、「見る」をしすぎているために疲れたり身体に負担がかかるという例は、私たちの周りにもいろいろ見出せるはずです。

たとえば、パソコンに向かったときに目が疲れると感じる人の多くは「画面を見ている人」です。

「見る」に原因があるなら、対策は、「デスクトップに目線を向ければいい」ということになります。「見ようとしないと細部がわからないのでは？」という疑問もあるかもしれません。しかし、これはむしろ逆で、「目線を向ける」はかなり優秀な五感の使い方ともいえ、「優先事項が今の状況を超える」ものが出てきたときには、パッとその情報をキャッチできる能力を温存しています。みなさんも経験があるかと思いますが、公園のような子どもたちが遊んでいる場所でだれかと立ち話をしていたら、ボールが急にこちらに向かって飛んできた……というような場面。気づくのが遅れてびっくりする人は、話し込んでいる人、つまり話相手だけに注意を向けて「見てしまっている人」でしょう。「相手に目線を向けている人」には、自然に周囲の情報も入ってきていますから、飛んできたボールに対するよけ方にもおのずと余裕が生まれるはずです。

注意が濃くなりすぎたと感じたら五感のスイッチを切り替えてみる

かといって、日常生活を送るうえで目を使わない、というわけにはいきません。むしろ、目を使う場面が増え続けているのが現代社会ともいえますから、考えるべきテーマは「目を使いすぎたとき」、つまり、「注意が濃くなりすぎたとき、どうしたら、注意のニュートラルポジションに戻れるのか?」ということかもしれません。

「見る」という視覚の使い方をしがちという傾向性のある方を、私は勝手に〝視覚過敏な人〟と呼んだりするのですが、これは決して悪い意味ではなく、私自身も含めてどんな人にもどこか、五感の中で過敏なところを持っているものだと私は考えています。聴覚過敏の人もいれば、触れることに敏感な人＝触覚過敏な人もいます。

「注意のニュートラルポジションに戻ろう」とするときに、人によって異なることの五感の過敏さを理解して、五感のスイッチを切り替えてあげると実は効果(気持ちが落ち着いたり、身体に安定感が戻ったり)があって、私の中では小さな〝法則〟としてとらえてもいます。図式的に表してみると、このような感じです。

視覚過敏の人↓触覚(触れる)に注意を向ける
聴覚過敏の人↓触覚(触れる)に注意を向ける

触覚過敏の人↓聴覚（聴く）に注意を向ける

この図式にあてはめると、

視覚過敏で何でも「見すぎてしまう」人には、「ここの室温はどうですか？　服の着心地はどうですか？　この床は柔らかいですか？」というような触覚をふっと感じさせるような言葉がけをすると、触覚のスイッチが入って変わってきます。

目と耳は関連してきますから、ガンガンの音楽を聴く人や、耳を使った仕事をしている人――人の話を聞くなど、耳を過剰に使っている人には、視覚過敏の人と同じように触覚を感じさせるような言葉がけをします。

一方で触覚に入りすぎる人、たとえばボディーワーカーや治療家のように、職業柄、触覚に敏感で感じすぎてしまう人には、「耳を使ってください」あるいは「耳を澄ませてみてください」というと、感じが変わってきます。

なぜ「おいしい！」と感じられるのか？

「五感を活かす」というと、漠然とした表現に聞こえますが、私なりの定義は「目的に対して一番優位に働く五感の感覚に切り替えられること」。それが「五感を活かす」ということではないかと思っているのです。私の講座では二人で短い棒を押し引きするような動きを試すことがよくあるのですが、棒を相手側に押し出すときに、目で見て出せるなら出せばいいし、出せなかったら皮膚の感じに変えればいい。皮膚の感じでも出せなかったら、耳に変えればいい、ということです。実際は、そう考えなくても、棒を出すという目的があれば、五感を切り替えているという〝自覚症状〟がなくても自動的に変えているはずなのですが、そのように五感を自動的に変えられる状況をつくるために、「注意を向ける」という言葉を使っているということでもあるのです。

よく講座などで話す例ですが、たとえば、フランス料理を食べたとき、「おいしい」と感じたとして、そのとき、何が起きているかというと、「五感が自動的に切り替わっている」のです。視覚を使って、つまり「見て」おいしそうと最初は感じて、それを口に運んだ瞬間に、「おいしい！」となるのは、視覚から味覚へ五感のスイッチが自動的に切り替わっているからです。もし、五感が視覚優位のままでいたら、味わうというのは口の中でどんなふうに調理された食材が潰されているかを想像していくようなことですから、それは決して気持ちのいいものではないでしょう。でも、実際はそうならない。料理が口に入った途端に、身体は完全に視覚を捨てて味覚へ切り替えてくれます。

目的に応じて――この場合は、おいしいものを食べたいという一貫した目的のために、高速で、自動的に、五感が切り替わっているのです。

五感を切り替えるポイント

視覚から触覚優位への切り替わりをうまく使っている人は、木工業の職人さんや高級車のデザインをする人などがそうかもしれません。こういう人たちは、ものづくりの最終の仕上げは手でするときますが、これは、目で見るのではなく、手のひらと指で「診る」と表現したくなるような例です。細やかさをとらえる点では、視覚より触覚のほうが〝目が細かい〟からだと思います。

一方で触覚に注意が向き過ぎな人は、痛みに対して敏感になってしまうこともあります。

触覚過敏になっていると、痛みの発生するところに注意が集中してしまうので、痛みが増すのです。触覚に総動員でかかりすぎ、予備の人がいなくて他のことに対応ができない状態ともいえます。

触覚に向く注意をあえて散らしたいときは、耳＝聴覚に切り替えることの効果を思い出してもらえたらと思います。歯科医の中でも治療の上手な人は、痛みに注意が向かないような声がけが巧みです。痛みに敏感な子どもも、「こうすると少し痛いかもしれないけど、大丈夫ですからね」と声をかけられれば、声のほうに注意が向きます。その間にパッと抜歯をする。つまり、言葉を使って耳を優位にして、触覚の感度を落としているのです。

以前、母校（高校）の陸上部のアドバイザーを務めていたときのことですが、あるとき選手の一人が過呼吸になって倒れてしまったことがあります。そのとき、とっさに「耳に注意を向けてもらう」ことで対応したことがありました。「大丈夫？　辛そうだね」といいながら、「今、聞こえる遠くの音を聞いてごらん、選手が走っている足音が聞こえる？　その先に電車が走っているんだけど、電車の音が聞こえる？　車の音が聞こえる？」と、少しずつ聞こえてくる音の範囲が広がっていくように、言葉をかけていったところ、だんだんに呼吸が穏やかになってきて、落ち着きを取り戻すことができたのです。

人前で緊張し、「あがっている」状態などもそうですが、一般的に興奮状態にあるときは、注意が自分の内側に向かっているものです。落ち着くというのはその逆の流れ、つまり、自分の内側に向かっていた注意が外に向かうことによって生まれてくるのですが、

あがっているときに心の中で（落ち着こう、落ち着こう）と唱えてもなかなか思うようにはいきません。そんなとき頼りになるのが、「耳」

です。目も同じですが、耳は外向き、外の情報に注意を向けていく五感です。

「耳を澄ませる」という言い方を私はよく使うのですが、自分の内側に注意が向き過ぎていて何か問題が生じているときは、「耳を澄ませよう」としてみると、自然に注意が外へ向かい始めます。

この過呼吸状態にあった陸上の選手も、最初はハッハッと激しい呼吸をしている自分に注意が向いていたのです。ところが、自分の周囲の音、他の選手の走る足音や電車の音などを聴こうとしたことで、注意が外に向くようになり、興奮状態が収まっていきました。

日常の中でも、思わず気持ちが高ぶってしまうようなことは、よくあるのではないでしょうか。そんな気持ちをすっと鎮めたいと思ったときは、深呼吸のような呼吸法も一つの方法ではありますが、耳の感度をあげて、自分の周囲から聞こえてくる外側の音を少しずつ広げていってみる、というのも有効な方法だと思います。

相手も自分も心地よい動き方を求めて

ところで。特別支援学校のＰＴＡの方々の勉強会や、学校主催の身体の使い方講座などに招かれる機会も増えてきた最近は、ここまでお話ししてきた「触れる」と「聴く」と「動き」の関係についての興味もいっそう増してきたのですが、私が最初に、介護や介助の身体技術と触れる機会を得たのは、父と一緒に動き始めた頃のことだったと思います。

父が武術の研究を通して世の中に発信していたことが、スポーツや介護など異分野の身体技術を研究する専門家の方々からも関心を持たれるようになるなど、いわば〝需要〟が増えた時期と私が父と動き出していた時期が重なっていたこともあり、私も見よう見まねで介護の動きに取り組んでみようということになっていった……そんな記憶があります。

そのうちに、抱えあげるのは私のほうが上手だと父に言われるようになったことは事実としてあったのですが、最初はその意味がよくわからなかったのです。わかってきたのは、介助をする側ではなく、逆に介助される役として、父や他の人に抱えあげてもらう経験を重ねてからのこと。床に座り込んだ状態から抱きかかえられてすっと立ちあがらせてもらうとき、すっと立ちあがることはできるけれども、どうも細かいところ（肋骨がきつく締められて苦しいなど）では気になることがある。疲れたときにこれをやってもらったら身体がこわばるなあ、という思いから、苦しさをなんとかできないかと考えるようになって、あるとき気がついたことがありました。

自分の動きやすいよう動くことはいいことではあるけれど、介助する人の動きだけに注目して動くようなやり方には、少し足りないところがあるのではないか。介助する相手の状況をもっと取り込んだうえでの動きを検討する必要があるのではないか——。

たとえば、本当に脱力した人に、健常者と同じような力で抱えあげの介助をすると、やはり〝痛みのある介助動作〟になってしまう可能性が残るのです。

相手を抱えたり抱きあげたり、人と密接に「触れ合う」場面が多いのが、介護の現場です。自分の動きもきちんとしないといけないのですが、同時に、相手の人の状況も踏まえて痛くないようにしなければならない。つまり、相手の状況や気持ちも踏まえて、さらに自分の動きもしっかりやらなければならない――となると、これはなかなか大変なことで、どちらを優先すればいいのかわからなくなってしまうのです。相手のことを考えてやるとこちらがこわばって腰を痛めてしまう。かといって、相手の状況に構わず自分の動きだけをしっかりやってしまうと、介助する相手を抱えあげることはできるけれども、相手の方の本音はというと、「ちょっと痛かった……」になってしまう。なかなか両者ともに満足する動きにならない――。

そんな始まりの時代を経て、私が介護、介助の動きとしていま大事にしているのは、介助する際に「両者が触れているところ、そこを動かす」という考え方です。

たとえば、相手の腕を手で持ってこちらに引こうとした場合、自分の手と相手の腕とが接している面（触れている部分全体）、そこが私のとらえる「両者が触れているところ」です。その「触れているところ」を動かそうとすることが、ポイントです。相手の腕を引く、のではなく、自分の手が相手の腕に触れたところを引く。そうすると、意外なほど楽に、そして、相手にとっても不快さの残らない動きになるのです。

介助する場面において、その両者の動きをともに満足するものにするためには、どちらか一方の動きだけに注目するのではなくて、両者の接点に注目してそこを動かすようにすれば、両者の動きが一つに協調されるのではないか——そんな考えに至るヒントを、多くの経験が少しずつ私に教えてくれたのです。


ですから、介護や特別支援学校の講座のように、人と人が「触れる」技術を中心に学ぶ場では、「触れたところがどうなっているのか」をとくに注意して確認するようにしています。不快さを感じさせない動きというのは、がんばっている相手にこちらの気配を与えない動きとも解釈できます。「相手を引こうとする」とこちらの思いが伝わってしまいますが、「相手と触れたところ」を引くだけなら、相手の方の身体も自分が引かれているわけではない、と解釈をして、緊張せずに対応してくれます。そのように注意の範囲を絞ることによって動作の効果が変わってくることは、いろいろな場面で応用できる考え方の一つです。

困ったら、「触れたところを動かす」。

介助、介護をする場面で大切にしたい身体の使い方を一つ挙げよ、といわれたらこれを挙げたいと思いますが、それも難しいと感じる方には、耳の感度をあげる方法をおすすめします。

「お父さんに抱きあげられるのは、あまり好きじゃないかもしれない……」。これは特別支援学校の講座などでときどき聞く、お母さんの声の一つです。力持ちはもちろんお父さんのほうなのですが、力のある人にありがちな〝力に頼った動き〟は、先に紹介した私の介助体験に照らし合わせてみても、それを受ける側からすると、心地よいとは思えないことが多いのではないでしょうか。かといって、介助の動きを専門的に学ぶ時間もとりにくいのが、仕事を持つお父さんの事情でしょうから、こういう方には「耳を澄ましてやってみてください」と、私はアドバイスしています。「耳を澄まそう」とすることによって、力任せという触覚によっていた注意の濃さが薄らいで、それだけでやわらかな動きが自然に出てくるようになります。

「触れる」への注意が濃くなりすぎたら、「耳を澄まそう！」

家族の介助をするとき、思い出していただけたらと思います。

五感の印象が変われば自分も変わる

五感を活かすための出発点は何か、と考えてみると、五感をまず十分感じてみることにあるのかな、と思います。たとえば、朝起きて、コーヒーを淹れて飲む、というときに、コーヒーを淹れるまでの過程を五感を使って味わってみることができます。コーヒー豆の色とか形を目で確認して、豆の香りを嗅いで、お湯を注ぐ音を聴きながら、お湯が注がれた粉が膨らんでくる様子を見て、湯気とともに立ちあがってくる香りを味わって、カップの温かさを触れて感じながら、淹れたてのコーヒーを味わってみる——。

特別に瞑想のようなボディーワークをしなくても、

朝にコーヒーを淹れることを五感で味わってみるということをていねいに経験してみるだけで、身体は「いま」に戻ってきてくれるのです。

とくに、「触れる」は、「いま」というときしかない感覚ですから、触れた感じは大事にしたいものだと思います。

五感を変えることで、それまで未知だった自分が現れてくるということは、日常の中でも経験できることですが、これは大げさにいえば、「自分を変える」ということにもつながることです。

私にも一つ思い出があります。あるとき、子どもの頃から嫌いだったセロリにピーナツバターを塗って食べるとおいしいということを聞いて、試しにやってみたら、これは合う！という発見をして、それ以来、ふつうにセロリを食べられるようになったという……自慢にならない思い出ですが、これも五感の印象を変えたことによってはじめて知ることができた世界ですから、私にとっては大きな出来事ではあったのです。

五感それぞれの感度を磨き、場面によって優位にする感覚を切り替えてみる。五感の印象を変えることで自分の固定観念に揺さぶりをかけていく、など、五感の活かし方はさまざまあります。

私たちの身体にもともと備わっている〈あたりまえの力〉、五感をよりよい形で活かすことで、身体は新しい「わたし」を映し出してくれるのです。

第四話 身体はコトバを裏切れるのか？

・「を」と「から」の違いとは？
・「くっつく」と「ついていく」はどう違う？

「新しいわたし」を発見するための
ひとコマ講座❹

板書することに意義がある

文字を書く。何気なくだれでも日々やっていることですが、何を書くかの前に、「文字を書く」ことそのものに意味があるとよく思います。講座では板書をしながら進めることも多いのですが、板書しながら説明すると、なぜか頭の中が整理され、言葉と身体の関係への理解も深まっていくような気がするのです。板書することに意義があるのかもしれません。「説明する私」と「説明されること」との間にある板書は、第六話でいうところの「ま」としてとらえることもできます。

「コップから」と「コップを」は何が違うのか？

「コトバなら何とでも言える」

　ドラマでこんなセリフが出てきたら、なんとなく険悪な場面を想像してしまいますが、みなさんも実際にどこかで耳にしたことがあるかもしれません。だれかが自分に向けてきた言い分にちょっと〝物言い〟をつけたいときにふっと口をついて出てくる、そんな言い回しだと思いますが、要は昔からいわれる「言うは易し、行うは難し」ということなのでしょう。

言うは易し――たしかにコトバが持つ一面の真理です。しかし、身体の言い分を聞いたら逆のことをいうような気がするのです――コトバってのは、そうカンタンなものじゃないよ、と。

　たとえば。ちょっと想像してみてください。

　いま、みなさんはコップを手に持ってテーブルの近くに立っています。そのコップをだれかのコトバに促されてテーブルの上に置く――それがみなさんに与えられるミッションだとして。手に持ったコップをテーブルに置く。動作はただそれだけですから、とくにやり方を考えるまでもなく、だれにでもできる実に簡単な動きです。

促し役の人には、言い方をほんの少しだけ変えて、二度いってもらうようお願いをします。促されるコトバは少し違いますが、動作そのものは見た目にはまったく同じように見えるはず……そんなやりとりです。

まず、一回目。促し役の人がみなさんにこういいます。

「手に持ったコップをテーブルに置いてください」

コップをテーブルの上に置く。みなさんはいわれた通りにします。何の問題もありません。その動作をし終えたみなさんの肩を、私が軽く左右に揺らしてみます（だれでもできる身体の安定感の確認方法です）。どうでしょうか？　肩を揺らすと返ってくる手応えもしっかり。つまり安定した立ち姿勢がとれていることがわかります。

では、二回目。促し役の人が少しだけ言い回しを変えて、みなさんにこういいます。

「手に持ったコップからテーブルに置いてください」

「コップを」が「コップから」に変わっていますが、動作そのものは見た目には同じです。コップはみなさんの手を離れ、テーブルの上に置かれる。コップを主体にみれば、現象的には一回目も二回目も何も変わりません。私は一回目と同じように、動作をし終えたみなさんの肩を軽く左右に揺らしてみます。さて、返ってきた手応えは……？

結果は、みなさんが想像した通り。「コップを」が「コップから」に変わるだけで、身体の安定感がなぜか変わり、「コップを」のときには感じられたしっかりとした安定感が、「コップから」のときには薄れてしまうのです。中には、大きくぐらついてしまう人も出てきます。

これはいったいどういうこと？――はじめて体験した方がきょとんとするのも無理はないところです。一回目と二回目で、変わったのは促しのコトバの言い方だけなのですから。

身体はコトバの違いをまさに〝水も漏らさぬ〟精度で受け取っている

それも「を」が「から」になっただけ。たったそれだけの違いによって身体の状態が変わる。これがコトバの力なのだとしたら？

身体はコトバの違いをまさに〝水も漏らさぬ〟精度で受け取っているのでは？……そんな仮説が浮上してきます。「言うは易し」のあたりまえ感に黄色信号点灯です。

念のため、検証をもう一つ。「コップ」を「指先」に変えてみたらどうか？　これは、講座でもよくみなさんと一緒に検証する動きです。「指先を出す」と「指先から出す」の違い。たとえば、ペンを持った手を前に差し出す動きをするとき、「指先を出す」と「指先から出す」の違いは出るのかどうか？

差し出す腕が簡単には動かないように、だれかに押さえてもらう条件の下でやってみると――結果は見事にコップのときと同じに。指先は身体の一部ですから、むしろ動きの感じの違いは明確に出るのかもしれません。「指先を出す」のほうが、「指先から出す」よりも力強い動きになることは、これまで何度か触れてきた「指先」という場所のとらえ方ができている人なら、はっきりと確かめられるはずです。「いや、自分はそうならないなあ、〈指先を〉でも〈指先から〉でも同じような感じで動けるんですけど……」という方も、もちろん中にはいます。私の講座経験から類別すると、例外というより、どういわれても、〈指先を〉か〈指先から〉のどちらかで動いてしまう人に多い感想です。いわれたコトバを忠実に受け止めて動くなら、こういう人の身体もちゃんと変わってくるものです。

こうしたコトバの行き違い。日常でもよく経験します。

たとえば、「この書類を明日の昼までに持ってきて」と上司にいわれた新人が、昼ごろ持っていくと、「昼までにと言ったじゃないか!」と怒られる。上司の言い分は、「昼までというのは午前中ということだ」。対する新人は、「昼までなんだから昼ごろでもいい」と解釈した……というすれ違いですが、人間関係なら自分は「こう思った」「こう解釈した」等々、言い分をぶつけることもできますが、身体はそうはいきません。ほぼ同じ動きとはいえ、コトバの言い回しが違えば、微妙に指し示す意味も違うはず。「指先を動かす」は明快だけれど、「指先から動かす」となると、次に何かがあるのかなあ……と疑いの気持ちが身体に生まれてくるのでは、というのが私の推察です。

「指先から〇〇を出す」といわれたら、その後にも出すものが何かあるのだろうと受け取るのはある意味当然です。対して、「指先を出す」は「指先を出す」で終わりです。

この違い、コトバを発する側は、大して違いはないよ、と思いがちではないでしょうか。とくに、コトバを軽くみているような人は、「どっちでも同じようなもの」と一蹴してしまいそうです。

「そうはいってもね……」と反論したいのは、物言えぬ身体のほうでしょう。「たしかに、見た目の動作としては大して違いはない。けれども、次の動作もあるのだろうとそれを予期しながら動きつつ、しかし指示がないのでとまどいを感じている状態と、迷いようがないぐらいはっきりとしたコトバで指示を出された状態では、心も身体も準備がまったくといっていいぐらい違うんですよ、そこをわかってもらわないと……」ｅｔｃ.

身体の、コトバにできない言い分を代わりにコトバにしてみると、このぐらいの主張はあるかもしれません。その代弁が的確かどうかはさておき、少なくともこうはいえるのではないでしょうか。

コトバが意味することを（私たちが考えている以上に）正確にとらえ、それを実行しようとしているのが身体である。

だからこそ、コトバは的確に選ばれ、的確に伝えられなくてはいけない、ともいえるのでしょう。前提になるのは、コトバを伝える人とコトバを受け取る人が、伝え合うコトバを裏打ちする身体の経験値や感覚を共有しているということだと、よく私は思います。自分は父のコトバではなく、その姿勢を学んでいたのかもしれない――これは前に父との共著をつくったときに思ったことですが、もちろんコトバが大切ではないという意味ではなく、コトバを裏付けるその人の態度や雰囲気があって、はじめて言葉が生きてくるということです。言葉より先にその人の姿勢がある――。

たとえば、「注意を向ける」と「意識をする」は違いますよ（研究ノートから❶80頁）と私がいうとき、私なりにそれを裏打ちする経験と確信があるからいっているのですが、その確信がない人がコトバだけを発しても、おそらく伝わることは少ないだろうと思います。

コトバを使いこなすには、コトバに見合う身体感覚や経験値を自覚していることが不可欠だと私が思う理由がそこにあります。

言い回しによって注意の濃淡が変わっていく

ところで。同じような動作をあるときは「を」で指示し、あるときは「から」と言ってみる。この違いがどこからくるのかと考えてみると、これは私の造語ですが、動作語と説明語の違いといえるかもしれません。

「指先から出しましょう」は、動作をだれかに説明するときには違和感がありません。一方で、自分が動く場合は動きそのものを指す言い方、「指先を出す」のほうが明確で動きやすさを感じるはずです。そんな観点から「から」は説明語、「を」は動作語という分け方が可能かもしれないと考えたのですが、あるいは頭語と身体語と呼んでもいいのかもしれません。

日常に例をとってみれば、たとえば、だれかにスマートフォンをプレゼントするというとき、「スマートフォンからプレゼントする」と表現すると、受け取るほうの気持ちも微妙に揺れてきます。「から」というと、もっと背後にありそうな感じがしますから、「最初に高価なスマホをくれるなら、次は何をくれるのかな」と期待感が膨らむわけです。ところが、「スマートフォンをプレゼントします」なら、それで終わり。その次はないことがはっきりしています。

「から」はその背後にあるもの、続くものを期待させられる（そこに注意を向けさせられる）コトバである、ともいえます。いま受け取ったスマートフォンの次に続くものに注意が向いているという時点で、「注意が散っている」とみることもできます。注意が明確に一つに向かっている「を」のほうが動作する身体がしっかりするというのは、第二話で検証したことですが、その観点からみれば、「指先から」より「指先を」というコトバに沿って、自分の身体を動かしたほうがしっかりしてくるというのは、とてもよく理解できることだと思います。

グーのつくり方によって市民ランナーの記録も伸びる?!

コトバによって身体が変わる例をもう一つ。「を」と「から」の違いは、注意が一つにまとまっているか、散漫になっているかの違いから読み解ける例ともいえますが、注意が一つにまとまっている点は同じでも、何を動かすかの「何を」を少し変えただけで、その効果が変わってくる場合もあります。

たとえば、「手を閉じる」と「指先を閉じる」。

これは比較的最近〝発見〟した事例ですが、自分の中では近年のヒット作に入るかもしれないと思っているものです。とはいっても、「何を」が「手」から「指先」へと変わっているだけですが……。

グーをつくる。動きとしてはそれだけです。ポイントは、グーをつくるとき、つまり指を閉じていくときに、「指先を閉じる」か「手を閉じる」か。

その違いによって、身体の感じが〝劇的に〟変わってくるのです。

どう変わるか？というと、あくまで高校の陸上部に在籍していたことがある個人的な経験を元にした推察ですが、仮にみなさんが市民ランナーだとしたら、「指先を閉じる」グーをつくって走ると記録は以前よりもあがります。いつもの練習はそのままに、走るときの拳のつくり方だけを少々工夫する。それだけです。

そのための稽古があるとしたら、「指先に注意を向ける」を、身体に「なるほど、こういう注意の向け方をすればいいんだね」と理解してもらうための稽古だけです。稽古とはいっても、二、三度試してみるだけで十分。指先を閉じてグーをつくり、立ち姿勢をとって、身体を揺らしてもらうと、その不思議な効果に納得がいくはずです。

第一話でも触れたように、こんなに一生懸命練習したのだから違うはず、というような、アツい〝実感〟を求める練習よりも、ふだんの身体の使い方の細部をほんの少しだけ変えてみるほうが、〝劇的〟といいたくなるほどの効果につながる――これは私が自分の経験を記憶の中で振り返ったとき、まさに〝実感〟することです。

その日常的な、慣れによって知らず知らず固定化した動き方を、複雑な理屈を抜きにして、パッと変えてみせる魔法、それが「コトバの力である」といってもいいのかもしれません。

「くっつく」と「ついていく」の〝マジックショー〟

このへんで、講座に戻りましょうか。

まるでマジックショーのよう……ときどき、そんなほめコトバ（と解釈しています）をいただくことがある私の講座の中で、会場の笑いを誘い、かつ、だれもがやってみたくなる人気の〝メニュー〟の代表といえば、やはりこれかもしれません。

「くっつく」と「ついていく」の違いを体感してみよう！

聞いただけでは、どこがどう違うかよくわからない、「くっつく」と「ついていく」。

ところが、身体を通せば、こんなにも違うのか！と驚くぐらいのパフォーマンスになるのが、この二つのコトバが誘い出す動きなのです。

例によって、やり方はとても簡単です。

まず二人一組（Aさん、Bさんとします）になり、向き合って立ちます。

Aさんが片手を手の内（私の呼び方です。一般的にいう手のひらのこと）を上に向けて差し出し、Bさんはその上に自分の手の内を重ねます。これで準備は完了。

次は、動き方のミッション。

Aさんの使命は、手の内を前後左右上下、どんな方向でも構わず動かすこと。それだけです。Bさんは、Aさんの手の内の上に自分の手の内を重ねたまま、相手の手の内に「くっつく」と「ついていく」を交互にやってみる。それだけです。

さて、なぜこんな単純なゲームのような動きが〝マジックショー〟に見えるのか？ということですが。

Bさんは、コトバにするかどうかは別にしてこう考えるのではないでしょうか。

（「ついていく」をするには、相手の手の内の動く速さに負けないように、自分の手の内も動かさないといけない……）

　やってみると、この作戦がうまくいくかどうかはすぐにわかります。Ａさんは手の内を前後左右上下に、どんな速さでどう動かしてもいいという自由があるわけです。対するＢさんは、動いていく手の内を追いかけ続けなくてはなりません。手と手は上下にただ合わせているだけで、何かで接着されているわけではありません。テニスや卓球のようなゲームでは、サーブをする側が圧倒的に有利な理屈と同じで、受身的に対応しなくてはならない側の動きは、少しずつ遅れていくのがふつうです。

「ついていく」はとても無理……やってみた人も見ている人も、納得の結果です。ところが、「くっつく」になると、がぜん、状況は一変します。Bさん役の人が上手なら、Aさん役がどう動こうと、まるで手の内に吸盤がついているかのように、相手の手の内から離れません。まさに「くっつく」状態なのです。

周りで見ている人も、この予想もできない一変ぶりに、うれしい驚きを隠せず、会場は爆笑の渦に……。なかなか文字では表現しきれませんが、「くっつく」と「ついていく」が〝マジックショー〟といわれる理由が、少しはお伝えできたでしょうか。

なぜ「ついていく」ではできなかったことが、「くっつく」では苦もなくできるようになったのかなあ？と、体験した方は、みなさん考えてしまうようです。もちろん、深刻なことはなく、表情は笑顔でいっぱいですが。

「ついていく」が「くっつく」になると、具体的に何が変わるのか？

たとえば、身体の動きで感じることでいえば、肘と肩の関節にかかっていた余計な緊張感が抜けて、やわらかくなったように感じられます。「ただ、くっついておこうと思っただけなんですけど、変わったんです」とは、体験した多くの方の感触です。

「そうしようと思ったからそうなったわけではない」のが、不思議です。

「くっつく」というコトバを受けた身体が、勝手に「それは、こういうことだね」とやってくれているような、自分の身体でありながら、自分がしたように思えないところも、不思議さを倍増させているような気がします。AIがいかに進歩したとしても、最初にプログラムという名の設定があってこその動きです。設定を超えることはないはずですから、そう考えても、身体のこの〝賢さ〟は別格です。

プログラムという考え方を、身体にあてはめてみることもできるかもしれません。あるコトバ（匂いでも風景でも手触りでも、経験のある身体感覚を引き出すことができればなんでもいいのですが）を受け取った瞬間に、みなさん自身も知らないプログラムが自動的に立ち上がり、動きだすのが身体です――身体の中にはおそらく、私自身も知らない「わたし」がたくさんいるのです。

「いる」の達人の身体はコトバを裏切らない

もう一つだけ、コトバが引き出してくれる身体感覚についてお伝えしておきたいことがあります。それは、「いる」という動詞についてです。

「動かずじっとしている」「腰をおろす」「とどまる」「静かになる」……辞書で引くとこのような説明が出てくる「いる」は、他の動詞と組み合わされて（「走っている」「窓を拭いている」のように）、動作のある状態を表す動詞にもなります。単独で使われるときも、他の動作語と組み合わされるときも、表される動きや状態は穏やかなものですから、「いる」というコトバと結びつく身体感覚もきっと同じように……と思ってしまいますが、実際に検証してみるとこれがなかなかおもしろいのです。

たとえば、みなさんがある部屋の中で二度、立ち姿勢をとるとします。最初は「ここに立つ」と思ってとる立ち姿勢、次は「ここにいる」と思ってとる立ち姿勢です。傍目にはどちらも同じような立ち姿勢ですが、実は身体の安定感をチェックすると、かなりはっきりとした違いが表れてくるのです。

まず「ここに立つ」の立ち姿勢の場合。十分な安定感があるように見えるのですが、しかし、身体を揺らしてもらうと実はちょっと安定感が足りず、ぐらついてしまう人が多いはずです。みなさんも、本を置いて試してみてください。

では。今度は「ここにいる」です。「いる」は「立つ」のようなはっきりとした動作を示すコトバではないので、「立つ」よりは弱いのではないかと思ってしまいますが、立ち姿勢としての安定感を確かめてみると、不思議なことに実にずっしりとした存在感があるのです。根が地中深く張った木の幹のような、静かな気配だけれども、見事な強さも兼ね備えている——。

「ここに立つ」と「ここにいる」の違い。コトバではささいな違いです。しかも、「立つ」のほうが動作そのものを表しているにもかかわらず、プログラムとしては弱いところがあるというのは興味深いものがあります。しかし、同じ「立つ」でも「ここに立つ」ではなく、「しっかり立つ」や「揺れないように立つ」なら、身体はしっかり感を保ってくれるようになります。あるいは、第二話で紹介をした一動作一注意の関係（立つときに指先に注意を向けて、など）をつくってもらえるなら、しっかりとした安定感も出てきます。

と、考えてみると、「ここに立つ」には、「立つ」以外の動作の指示（どのように立つか）が含まれていないために、周囲の状況（いま立っているところが平地なのか、岩場なのか、揺れる足場の上なのかというような）に対して、臨機応変に対応しにくいのかもしれません。「立つはわかったけど、どういうふうに立ちたいのかもっと指示がほしい」……そんな補足説明を、身体としては求めているようにも思います。

それにしても、「いる」がなぜこんな存在感を示すのか。考えるほど身体とコトバの関係は謎をはらんで興味深いものですが、

「いる」は注意が濃すぎたりも淡すぎたりもせず、いわばニュートラルポジションと表現されるような状態と考えることもできます。もしくは、あらゆる動作に対応するための身体の状態を引き出してくれて

いるといえばいいでしょうか。

これからどのようにでも、ためらいもなく変化ができるような印象があります。自分をも含めて何も頼りにしていないけれども、不安があるわけでも、高ぶりがあるわけでもなく、淡々とそこに「いる」――こんなふうに描写していくと、そういえば、こういう感じの雰囲気の人はいるように思えてきます。

特別何かを主張しているわけでも、目立つことをするわけでもないのに、静かな存在感があって、その人がいると周りにも落ち着きが広がるような人。

こういう人こそ、「いる」の達人、なのかもしれません。

もちろん、「いる」の達人の身体は、コトバを裏切らない――私の太鼓判です。

研究ノートから❷

「切り替える」は「切って、替える」こと

「気持ちを切り替えてがんばろうと思うけどなかなかそうできなくて……どうしたらいいでしょうか」

このような質問をもらったとき、私がすすめるのは実際に何かを切って・替えるという言葉通りの動作をしてもらうこと。なぜなら、言葉が意味する身体感覚をしっかりと掴んでいれば、身体はその言葉を使うたびに全身でチカラを引き出してくれるようになり、それが気持ちのリセットにつながっていくからだ。

ふだんから使う言葉は、これまでの経験値から培われていることがほとんどだが、「切り替える」という言葉はそのまま、「切って、替える」という言葉の組み合わせととらえることもできる。「切り替える」という言葉をふだんから使う人は、大根や紙など何でもいいのだが、「切る」ことの経験値をしっかりと自覚している人だったりする。一度も物を切った経験がない人はいないと思うが、「切り替える」が響かない人は、どこか切ることに関心がなかったり、切る経験をする機会が少なかったりするのではないだろうか。経験値となっていないからこそ、切ることが実際にもたらす感触がどういうものなのか、という感覚が養われないため、「気持ちを切り替える」と

いわれても、その意味が響いてこないのだ。

「切り替える」が響かない人に「切り替える」ことを伝えたいとするなら、はさみで紙を切り、その切れた紙の位置を左右入れ替えることをしてもらう。そんなことだけで意味が伝わるのか？と思われるかもしれないが、これが動作を自覚することにつながり、その人が変わっていく機会となることは、たしかにあるのだ。

身体にとって切り替えるという経験値が自覚されていないままでは、ほかに活かすことはなかなか難しいものなのである。

身体という組織は社会の組織の鏡

どうもうまく回らない、会社の組織。そんな悩みがある場合、組織を身体全体に置き換えてみると、会社で起こっている問題の発見や解決方法のヒントが見つかるかもしれない。一人ひとりが自分の立ち位置を理解することにも役立つのではないだろうか。

たとえば、手足の指などの末端の部分が営業、肘が中間管理職、頭が会社を統括するトップとして当てはめてみる。そもそも身体は、手足などの末端のほうがこわばってしまうと、全身の連携がとりにくくなる。つまり、動くときのパフォーマンスが下がってしまうのだ。これを会社組織に置き換えてみると、末端である営業の動きを止めていては何も進まない、というようにも考えられるのではないだろうか。

対外的な仕事をしている営業担当は、状況によって柔軟に動くこともあれば、厳しい判断を迫られることもときにはあるだろう。このことも、実際の身体の動きに置き換えて――柔らかいものを持つこともあれば、とても重い荷物を持つこともある――考えることができる。

あるとき、営業の現場から昇進をして中間管理職になったばかりの方と話をしたことがある。この方は優秀な営業マンだったであろうことは話をしていてわかった。部下のやり方をみていると自分がやったほうが早いと思ってしまうことも多々あり、中間管理職としては現場のことは現場に任せるべきとはわかっているが、歯がゆい思いも正直ある……そんな話もあったのだ。その方が言うように、中間管理職がことあるごとに現場に顔を出していては、部下は成長する機会を失ってしまう。身体に置き換えてみれば、指先よりも先に肘が動き出すようなものだから、当然、動きにくいことになる。歯がゆい思いがあっても、現場のことは現場に任せるべき、という基本方針は間違っていないと思う。

　現実の社会組織の中の問題を、身体という組織に置き換えて考えることは、こういうときに役立つのではないだろうか。以前は優れた現場の営業マンであり現在は管理

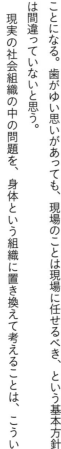

する立場に上がったこの方も、頭の中では自分が何をすべきか、どう振る舞うべきか、よくわかっている。しかし、その頭の理解がどこかで〝腑におちない〟がゆえに、歯がゆさも同時に感じてしまうのだろう。頭の理解だけでは動きがとれない例だと思う。

こんなとき、仮に、「中間管理職」という立場を、同じ中間的な位置にある「肘」と仮定して動いてみると、その動きにくさがよくわかるはずだ。自分のような中間管理職が前に出てしまったら、こんなに動きにくいのか！——そう思えたら、〝歯がゆい〟思いが吹っ切れるまでは時間の問題だろう。肘には肘の、全身をつなぐための大事な役割があることに気がつく機会になるかもしれない。

この方も、やがて会社のトップに就くときがやってくるかもしれない。そのときは「肘」ではなく「頭」がこの方の置き換える身体の部位になる。自分の立ち位置によって、対照する身体の部位を変えていくことも大事な観点だ。

身体の末端の動きを固めずに、動ける状態を保てることが全身の滞りをなくして動きやすい状態をつくってくれる。頭は末端は動けるようにしておく、ということをつねに心がけて動きを決められると、パフォーマンスは変わってくる。

会社のトップとしても、組織全体に信頼を置き、こう動くという方針を決めたあとは、それぞれの部署に任せられる限り任せておけると、スムーズにことは動いていく。

もちろん、うまく連携がとれないところや、行き詰まるような場面にはトップが動く必要のある場面もあるだろうが。ただトップが先頭きって進むのは、最初だけでいい。身体もまた、頭がつねに思考しつづけていると、指先を含め全身はどう動いていいのか迷ってしまい、結局は動きにくくなってしまうからだ。

身体という組織が映し出すのは「わたし」だけでも、会社組織だけでもない。家族や友人関係などあらゆる社会的な関係ではないかと思う。身体は「わたし」の、そして「社会」を映し出す鏡でもあるのだ。

全体をとらえるという目の使い方が役に立つとき

講座で受ける身体に関する質問は多岐に渡る。日常動作から、スポーツに活かせる動き方、人間関係のトラブルや改善したいと思っている癖についてまで、実にさまざまだ。質問は聞いてすぐにその場で回答していくようにしているが、その様子を見ている人からときどき言われることがある。

「相手の何を見て答えているのですか?」

私の場合は、相手の雰囲気や、そのときに注意が向いているところをとらえることが多い。それは講座をしてきた経験則からだが、質問の言葉や仕草だけでは、本人も気づかないまま、語りきれていないことが多くあるからだ。

たとえば、「ナンバ走りを教えてほしい」という質問をされたことがある。しばらく話しているうちに、その方の本音は、「健康のために負担ない動きを知りたい」ということだということがわかってくる。その本音がわかれば、「ナンバ走りでなくてもいいですよね?」ということで、その人がすぐに取り組めるほかの動きを提案していく、という流れになる。

このように相手の雰囲気を察するために私が使っている方法の一つは、目の使い方を変えること――質問してくれた人を「見る」ではなく、第三話でも触れたように、その人に「目線を向ける」ようにする。そのときに大事なことは、頭の中でいろいろ考えないこと。目線を向けるときに考えてしまうと、効果がなくなってしまうのだ。目線をただ相手に向けようとする。それだけのことである。

「見る」という行為は、見るものに焦点を合わせて「認識し」、「思考する」という流れが生まれる。一方、「目線を向ける」は、全体を眺めるような感じを引き出してくれるので、部分にかたよらずに全体をとらえることができるようになる。私の体感としては山の頂上からの景色を眺める感じに近い。そうして質問を踏まえて目線を向けていると、語られていない本音を察知しやすくなり、なぜかふっと答えが身体の中から生じてくるようになるのだ。

戦わずして〝勝つ〟（流れを変える）コツ

自分にとって苦手な相手と過ごす場面で、困ることはないだろうか。

いつもならできることも、苦手な相手がいるだけで注意が散ってしまい、余計に力が入ってしまいがちだ。たと

えば、スポーツや武術のように身体を使うもの、囲碁や将棋のような盤上の知略を駆使して競う場面など、競技などで相手と対峙するようなシーンはさまざまにある。こうした対人の場面で、やりにくい相手や相性が悪い相手への対応をどうしたらいいか。

当然のことだが、嫌な相手だという気持ちを持ちながら真正面から向き合えば、その気持ちはすぐに相手に伝わって緊張を生んでしまう。そんなときはこう考えてみてはどうだろうか。いかに相手の注意をそらせることができるか。あるいは、いかに相手の戦意を喪失させられるか。

これは、私が乗っていた電車で実際に見た出来事である。

大学生ふうの「若者」がイヤホンをして、だらっと座りながらスマートフォンを操作していた。そのイヤホンからは、うるさいというほどではないが音漏れがしていて、隣には「おじさん」が座っていて、その若者を気にしている様子。これはなにか揉め事が起こりそうだぞ……と思っていた矢先、おじさんが若者の耳にしていたイヤホンをパッと取ってしまった。近くにいた全員に緊張が走ったことはいうまでもない。だれもが一瞬想像したことは——「音がうるさい!」とおじさんが怒鳴り、「うるさいんだよ」と若い人が応じて、大喧嘩が始まる……ところが、思わぬ展開が待っていた。

「あのさ、○○駅に行きたいんだけど、これ（スマートフォン）なら行き方を調べられる?」と、おじさん。文句をいわれると警戒していたはずの若者は、拍子抜けしたような口調で「ええまあ、できますよ」といったあと、素直にスマートフォンで簡単に調べ、おじさんに教えてあげた。おじさんも「ありがとう」とお礼をいって次の駅で降りて行った。あっという間のやりとりだったが、一触即発の緊張はとけて、車内は平穏を取り戻した……という話である。

このおじさんの本音はわからない。本当はイヤホンの音漏れ注意の意図はなく、純粋に道を聞きたかったのかもしれない。真偽は確かめられないが、いずれにせよ、一触即発か!と私も含

めて周囲の人間がみな（おそらくもちろん当の若者も）緊張した瞬間であったことは間違いないことだから、周囲と相手の予測を「さらりと外した」実に見事な技をみせてもらったことは確かだ。現場にいた私も爽快な気分になったことを覚えている。実際の意図はどうあれ、十分印象に残る展開だったのだ。

私たちが苦手と思う人や出来事にペースを乱されてしまうのは、その先の展開を、そうあってほしくないと自分自身が思う、嫌な方向に追ってしまうため、ということはいえないだろうか。目の前の状況や流れをパッと変えたいときには、苦手な目の前の状況に自ら入り込んで引きずられないことが大事だ。そのためには関係のない話題や、相手に意外と思われるような行動や発言をしてみることは、とても効果的だといえるだろう。

「そうしようと思うからできなくなる」の法則を打ち破るコツ

人前に立つような場面。初めての会合での自己紹介や、結婚式でのスピーチ、ピアノの演奏会など、得意でない人にとって緊張感はつきものだ。始まる前から「失敗したらどうしよう」、「うまくできるだろうか」と、不安な気持ちがあふれてくる。口の中はカラカラになり、呼吸も浅くなってきて……そうしようと思うほど、うまくやろうとすればするほど、身体の動きはぎこちなくなって、パフォーマンスは下がる一方。

そのようなときに大事なのは、「目的をなすために、注意の向けどころをずらす」ということだ。

人前で話す機会の多い私自身も、緊張する場面はある。そのときには「話す」ことをやめて、大地に種を蒔くかのように、部屋全体に言葉を蒔くようにしている。そうすると話すときの緊張は変わってくるものだ。

同じような発想は、身体の動きについても応用できる。たとえば、歩くことに疲れたとき。目的地がまだ遠いと気が重くなり、「歩く」と思うと拒否反応が出てしまう。そんなときには、「歩く」から「足の指先を前に出す」とオーダー変更をする。そうすると、思っている以上に抵抗感なく動けるもので、足の指先を前に出すことを繰り返していくと……つまりは「歩く」ことになる。

こうして、「自分にはできるはずがない」から、「案外できるじゃないか」という経験値の書き換えができるようになれば、苦手と思っていた目的も、意外と楽に果たすことができるようになるのだと思う。

指二本を合わせるだけで

手の指を使うことで身体の動きのパフォーマンスが変わる例は、実にさまざまだ。現に私の父（武術研究者）も、指の形をつくることによって全身を強化させる方法をいくつも編み出している。

私自身は基本的には、注意を向けるところで動きは変わるというアプローチをするので、手の形の研究はそれほどしているわけではないのだが、だれでもできる身近な方法として、手の形を研究することもある。

その研究成果の一つに、指を二本を合わせることによる身体の動きの変化がある。いくつかの組み合わせがあるが、よく見かけるのは、人差し指と中指の組み合わせだ。昨今の忍者ブームも影響しているのかもしれないが、敬礼で使われる場合や、何気ない挨拶で無意識に使っている人も少なくない。要領は、指の側面同士をただ合わせておくだけ。それだけで物を持ったり腕を動かす動作を楽にしてくれるほか、服の上からでいいのでヘソにこの二本の指を置いてゆっくり沈み込む姿勢をとったときにも、抜群の安定感が得られる。同じ姿勢をとるときに、指一本で試してみると同じ効果が得られるのかというと、そうはいかない。沈み込んだ安定感をつくろうとすると、人指し指と中指の二本の組み合わせにかなう他の組み合わせはないのが、不思議といえば不思議である。

沈み込まずに腕を使いたいときには、ヘソに触れずに人差し指と中指の二本を合わせていれば、それだけでも腕の動きやすさを得ることができる。

組み合わせを変えて、中指と薬指の二本を合わせてみると、今度は脚の動きが楽になる。今度はヘソではなく腕は自由にしてもらっていいのだが、立ち上がったり、しゃがんだりするときに活用できる。

脚に有効と聞くと、歩く、走るに応用できるのでは?と考える人も多い。本編第四話でも走り方に活かせる話は載せているが、指の組み合わせというルートで考えてみると、薬指と小指の組み合わせをおすすめしたい。人によっては中指と薬指のほうが相性のいい人もいるのだが、多くの場合には薬指と小指の組み合わせで歩いたり走ってもらうほうが、動きとの相性がいい。脇腹の動きが滑らかになってくるのだ。親指と人指し指の二本を合わせると、首の緊張も緩和されてくる。とくに左右に頭を振るときには動きやすくなり、使いどころのおすすめは歯科医院での治療のとき。キーンという音と治療をするときの振動が、親指と人指し指を合わせているだけで響き方が変わってくる。

指を二本合わせるだけですぐにパッと身体の反応が変わってくることは、大変おもしろいことだと思っている。またこれは、だれにでもすぐできるところがよく、身体に興味を持てない人にとっての自分の身体を知る入り口として、試してもらいたい一つの発見である。

身体が緊張してしまってどうしていいかわからず困ったときこそ、最も身近な自分の身体を信じてみること。その状況を打開するための、またもう一つの解決ルートとして、指を二本合わせてみる、ということもあるのだ。

気持ちに余裕のあるときには、自分の身体の新しい側面を知るきっかけとして日常動作の中に織り交ぜてみると、動きの癖の改善にもつながってくる。

第五話　「わたし」はつながっている
～「空間」と「わたし」と「注意」の関係

「新しいわたし」を発見するための
ひとコマ講座❺

不安になったら「不安の種」をぐるりと囲んでしまおう

発表会など、人前に出ると緊張してしまう人にはぜひおすすめです。不安になったら、始まる前に、会場のまわりをぐるりとただ歩いてみてください。「不安の種」をくるんでしまえば気持ちがだんだん落ち着いてきます。事前に余裕を持って歩くほど、会場の様子や雰囲気とも馴染んで気持ちが和んでくるはずです。それでも不安が収まらないようなら、壁紙の模様や床のデザインなど、日に入るものを気軽に眺めながら、もう一度歩いてみてください。その経験が当日のゆとりある気持ちを自然につくりだしてくれるはずです。

空間の力を知った原体験
〜スキー合宿と指揮者体験

あ、空気が変わった――。

心の中で思わずそうつぶやいてしまうような場面、みなさんもときどき経験されているのではないでしょうか。

私にもいくつか思い出があります。いちばん〝古い〟記憶は中学二年のときの、八ヶ岳で行われたスキー合宿での出来事。とはいっても、そのとき一緒だった友人たちにはおそらく記憶すら残っていないようなささいなことだったのですが、私にとっては未だに「空気が変わった」ことの体験といえばまずこれ、と差し出したくなる思い出です。

何があったのかというと、要は、行事の運営委員として夕食前に今後の伝達事項を伝えなければならなかった私が、いざみんなの前に出て話そうとしたら、急に緊張してしまい言葉がまったく出てこなくなってしまった……という、たわいもないといえばたわいもない話なのですが、みなさんにお話ししたかったのは、なぜ私が「急に緊張してしまったのか」ということなのです。

場面は合宿所の大食堂。八ヶ岳の山麓での合宿というだけで、みな気分は盛り上がっているうえ、夕食前ですからお腹を空かせて食堂はガヤガヤとした雰囲気。このままでは話をしてもとても伝わらないだろうと思っていたところ、ビシッと場を引き締める言葉を放ってくれたのが担当の先生です。その一言のおかげで、ガヤガヤが一瞬にして収まり、散っていたみんなの目線がいっせいに前に立って待っていた私へ——。

そのときです。自分でも意外なほど急に緊張感が高まってしまったのです。こう言えばいいと事前に確認していたことはすべて吹っ飛び、言葉が何も出てこない……。

「これはいったい何なのだろう?」というのが正直なそのときの思いだったのですが、その場の空気が一瞬にして変わったことによって、自分に緊張が生まれた最初の体験だったと思います。空間というものの力を知った原体験ともいえるかもしれません。

空間と自分の関係でいうと、中学時代にもう一つ強烈な思い出があります、中学三年生のとき、校内の合唱コンクールで指揮をとったことがあったのです。もちろん、そのときは、空間を動かすという気持ちもなく、指揮者としてそのクラスの曲の流れをどうつくるかということを考えていただけです。コンクールでとりあげた曲は合唱曲のエトピリカ。指揮の細かい知識はなくても、私は口パクで全部歌いながらやっているので、どこでどう盛り上げラストまで持っていくか、全部身体に入っています。いってみれば指揮の〝一筆書き〟です。全体を静かにトーンダウンさせたかと思うと一振りしてバッと声量をあげてタンタンタンと流れをつくったら、男性のコーラスを入れて、次に女性コーラスが入って……と抑揚をつけながら展開していって、最後に、大きく一振りしてトーンを下げてから、再び盛り上げてバンッと締める。その瞬間、コンクール会場にふっと静けさが戻る――。

と、そのときはいっぱしの指揮者になりきって指揮棒を振ってはいたのですが、高校に入ってから、「そうか、自分は指揮のことも音楽のことも専門的なことは何も知らない、つまり雰囲気で振っている指揮者だったのか……」と知って、指揮者の道はあきらめた、というオチがこの話にはつきます。それでも、空気に緊張がみなぎるような場を受けて指揮をとったというこの経験は、私にとっての最初の「空間を変える」経験であり、いまにつながる財産になったことは確かだと思います。

指揮者の一振りで空間が変わる

人が向ける「注意」の力（第二話でも触れました）というものをはっきりと自覚したのも、このときが最初かもしれません。クラスごとに発表するコンクールですから、会場には、前のクラスのパフォーマンスの余韻が残っています。前の指揮者と歌った人によって醸し出された空気、聴いた人の中に刻まれた印象などが微妙に混じりあう雰囲気の中を歩いて行き指揮台に立つと、歩いているときとはまた違う感じの注目がやって来るのがわかります。それでもまだ会場には小さなざわめきが残っています。

そんな空気感の中で、フッと構えるのですが、すぐには振り出さず、構えると同時に会場の空気がシーンとなり注意が一つに合わさってくる感じを待って、「すべての注意がここにきたな」となったときにはじめて動き出します。

このときに、何となく始めてしまうときと、きちんと空気を締めて始めたときの演奏が違うということを練習の中でわかっていたことは、大きかったと思います。全員がシーンとなってきたら始まる、でも、最後まで動いている人は必ずいて、その人が止まれば始まるから……と注意を向ける自分なりの訓練をしていくうちに、空間認識力が上がっていったということはあったのかもしれません。

中学校の卒業式でも指揮をとったのですが、そのときは、私がツカツカと歩いて行ったときの空気、指揮台に立ったときと構えたとき、それぞれのタイミングで空気が変わっていくのがわかりました。静けさがあってもガタッと音がするような、まだ場が整っていないときに振れないなということはわかっていましたから、言葉を発せずに胸の内で、「それだと振れないから皆さん集中してください」という感じで待っていました。だれに教わったわけでもないのですが、場の空気が整っていく感じや、注意が集まってくることへの感度は、ありありとあったことを思い出します。それこそ、その場に参加している人がみな「注意」を私に寄せてくれないと、場の空気が一つに整わないのです。

指揮者の一振りで空間が変わる――指揮のおもしろさの一つもそこにあるのかもしれない、とは素人指揮者なりに考えたことです。その空間を一つにできれば、指揮者の采配一つでその場の空気が変わっていく。指揮者である私の目線でいえば、**そのような状態というのは、「自分自身に注意が向かなくなったとき」であり、反対に、聴衆と歌い手の立場から見れば「注意がすべて指揮者に向かっている」状態です。**

つまりは「私が注意を向けたところにその場のすべての注意が向く」という状態ですから、注意の集まる指揮者の一挙手一投足でその空間がダイナミックに動いていく、ということになるのです。一糸乱れぬチームワークを誇るチームが、そのチームワーク力を最高に発揮した状態を想像してもらえるとわかりやすいでしょうか。

それだけの注意が指揮者に集まっているわけですから、**逆にいえば、私がその集まってくる注意の圧力に負けて「いまはうま**

く振れているだろうか？」などと、中途半端に自分の注意を内側に一瞬でも向けた途端、それまで密度の高い緊張感を保っていた空間のバランスが崩れてしまう危険性もつねにはらんでいるともいえるわけですが。

「空間」と「わたし」と「注意」の関係を読み解く

ともあれ、その空間の波打つような変化を身体で味わえるのが指揮者なのだな、ということを素人指揮者ながら、たっぷり体験できた貴重な思い出です。

こうした中学校時代の体験が今の私の研究の中で形になるまでには時間はかかっていますが、おそらく私自身もそうとは知らない場所で、十年以上の発芽のときを待っていた小さな種があったということでしょう。「空間」と「わたし」と「注意」、この三者の関係を具体的に検証していく状況設定を、最近はみなさんと共有できるようになったと感じています。

前著『不思議なほど日常生活が楽になる身体の使い方』（山と溪谷社刊）の中でも紹介していますが、状況設定はこんな感じです。

【準備】

一つの空間の中で、参加者が「注意を受け取る人」対「注意を送るチーム」の関係になるよう割り振りをする。「注意を受け取る人」は一人だけ、「注意を送るチーム」は何人でも構いません。「注意を受け取る人」は、スキー合宿のときの私と同じ立場で、他の方からの注意（注目）を受け取る役に専念します。「注意を送るチーム」の方々は、注意を受ける一人の方へ注意を送る役に専念します。

まず両者は適当な距離をとって、向かい合って立ちます。「注意を送るチーム」の人は「注意を受け取る人」が見える位置（目線が向けられる範囲）で適当に並んでもらいます。「注意を受け取る人」は、揺らされてもいいようにしっかりとした立ち姿勢をとってもらえば、準備はこれで完了です。

【検証1 両者が向かい合う位置関係をとった場合】

ここから検証に入ります。最初は両者が向き合った場合。「注意を送るチーム」の人は全員、「注意を受け取る人」に顔と身体の向きを合わせて立ってもらいます。ぜひしっかり目線を向けてみてください。この状況の下で、「注意を受け取る人」

の立ち姿勢にどのくらいの安定感があるかを、身体を左右に揺らすことによりチェックします。

【検証2 目線はそのまま、身体を横向きにした場合】

次は、条件が少しだけ変わります。「注意を送るチーム」の人は、目線は検証1のときと同じ（「注意を受け取る人」を見ます）、身体だけを横向きに。この状況の下で、「注意を受け取る人」の立ち姿勢にどのくらいの安定感があるかをチェックします。

【検証3 目線も身体も横向きにした場合】

さらに条件を変えて、「注意を送るチー

ム」の人は全員、目線も身体の向きも「注意を受け取る人」へ注意を向けないようにします（目線を向けず、身体の向きも横か後ろ向きにする）。「注意を受け取る人」の身体の安定感は、さてどんなふうに変化するのか？　同じように検証します。

どうでしょうか？　スキー合宿のときにフリーズしてしまった私の失敗談もお話ししましたから、結果は想像がつくことだと思いますが、

「こんなことで身体の安定感が変わるものなの？」と疑問に思われる方もやはり多いかもしれません。

両者は注意を送ったり受けたりの関係にはあるとはいえ、なんといっても、「注意を受け取る人」と「注意を送るチーム」の間には適当な距離があって、直接触れ合ったりはしていないのですから。変わるのは目線の向きと身体の向きだけです。その程度の違いが身体にどんな影響を与えるものなのか――？

なぜ、「身体にはわかる」のか？

その疑問には言葉で答えるよりは、それこそ論より証拠で、実際に体験してもらうのがいちばんですが、この本で想像していただくために結果だけをお伝えすると、私の中学二年生のスキー合宿のときにもっとも近い状況が検証の1です。みんなが自分に関心を向けて立っている。目線も身体の向きも同じ方向へ向かっていますから、注意がどこに向いているかは明白です。

こういう注意の向け方をされると、「注意を受け取る人」はかなり強いプレッシャーを感じます。プレッシャーを感じているということは、その人の注意が自分の内側に向いているということも意味しますから、身体の安定感は弱くなります。軽く肩に触れただけでグラリとしてしまう人もいます。体験してもらっている方に、検証途中に直接聞いてみると、「いや、プレッシャーは感じてませんよ」という方も中にはいると思いますが、身体を揺らすと強気なのは言葉だけ、ということがたいていはすぐわかります。

この状況の中で、ごく自然に立ち姿勢がとれ、しかも、しっかりとした身体の安定感も保つことができている人は、数万人の観衆の中で

一人で歌ったり演説したり、というところまではいかなくても、このような状況をよほど多く経験されている方ではないだろうか、と思います。

逆にいえば、私が素人指揮者として中学校のクラス合唱団を率いたささやかな経験から想像するに、一人で大観衆の注意を引き付けながら空間を動かしていけるようなパフォーマーなら、とてつもなく巨大な空間を動かせるのかもしれない……と、想像は広がるわけですが。

検証1の対極にあるのが、検証の3です。だれからも注意が向けられていない状態といえますから、見方によっては寂しい状況ですが、「注意を受け取る人」にとっては気楽といえば気楽な状況です。当然ながら、身体のしっかり感も戻ってきます。たとえば、大勢の人が一度に行き交うことで有名な渋谷のスクランブル交差点。あいう場所に多くの人が平然といられるというのも、同じような身体の状態が影響しているのでは、と思います。たとえ周囲に大勢の人がいても周囲の注意が自分に向けられていないのであれば、比較的楽な気持ちでその場にいることはできるということです。

残るは検証の2。検証1と検証3を受けて、2はその中間ぐらいの身体の安定感だろうかと推測はつきますが、試していただくとほぼ予想通り。どちらかといえば検証3寄りといえるかもしれません。多少安定感は欠けるものの、しっかりとした感じが出てきます。一通りの検証を終えると、「それにしても、不思議だよねえ……」という満腹感ある言葉と雰囲気が、講座会場のあちこちから感じとれてきます。「不思議だよねえ」が指すのは、身体が正面を向くか横を向くかでどうしてこんなに注意を向けられる人の身体が変わるのか、ということであったり、そもそも触れずに目線や身体の向きで自分の身体に影響するのはどういうことか、であったり、さまざまな思いが含まれているのだろうと思いますが、「注意を受け取る人」も「どうして、相手の身体の向きが変わったことがわかるのかなあ?」と、自分の身体のことながら（いや、自分の身体のことだからでしょう）不思議がります。

共通しているのは、どの方の表情にも笑みがこぼれていることでしょう。この笑顔は不思議さに対する答えがほしいというより、身体が持っている感知能力の高さに対する驚きと、そうした身体の力を自分の身体で知ったという喜びから生まれてきているように、私にはいつも見えるのです。

注意を「向けられる」から「向ける」立場へ転換させるには

ところで。この「空間」と「わたし」と「注意」の関係を具体的に、日常に役立つ力として活かすにはどうしたらいいでしょうか？

空間というものを、第六話では「間」としてとらえ、さらに多彩に展開しますが、ここでは、「空間」に対してどのように注意を向けていけば、「わたし」の身体は安定するのか。その視点から日常での活かし方を考えてみたいと思います。

場面は、仲間の前でのフリーズという記憶を残してしまった、あのスキー合宿の夕食前に戻りましょう。ガヤガヤとうるさかった食堂の雰囲気が、先生の一喝で静けさを取り戻した場面。結果として中学二年生の私は対応できなかったのですが、決して特殊な場面ではなく、大勢の視線が自分に集まる中、一人で話さなくてはならない――実はみなさんもよく遭遇する場面ではないかと思います。これは事後検証する価値のある出来事のはずです。

何かあのときできることはなかったのか？

あの場で「大勢の仲間から注意を向けられる」という、受身の立場に私はいたわけですが、それを逆に、「私が彼らに注意を向けている」という関係に逆転させることができたなら、私の注意も過度に内向きにならずにすんだはずです。一方的に受け身になってしまったがゆえに、自分で自分にプレッシャーをかけてしまった、ともいえるのです。その状態をなんとかして変えたい。変えられるとしたらどういう手があるか？です。

いまならはっきりと答えられます。もちろん、「あります」。

注意の向け方だけでもアプローチはたくさんあると思いますが、空間への注意の向け方に絞るなら、「自分の注意の向け方によってその空間を囲ってしまう」という考え方が一つできます。

比喩的にいうと、その空間を自分の〝領土〟にしてしまうのです。空間が自分の管轄下、つまり〝領土〟になってしまえば、その〝領土〟内にいる人たちを、〝見渡せる〟ようになり、視線を気にしなくていい立場に立つことが仮定上はできる、そういう立場なら緊張することもない、ということになります。現実をファンタジーで仮装するような話に聞こえるかもしれませんが、ここが実は身体のすばらしいところで、身体はこういう仮定、つまり見立てを受け入れる力をちゃんと持っているのです。

先手をとって空間を〝囲って〟みれば

では。「自分の注意の向け方によってその空間を囲ってしまう」には、どうしたらいいか？

ということですが、二つのアプローチをみなさんにご紹介します。一つは事前にできること、もう一つはその場で対応できることです。

まず、事前にできることから。「事前に場の周囲を一周する、歩く」というアプローチ法があります。場の周囲、この場合なら合宿所のまわりを一周することで「囲う」ということなのですが、二重三重に囲いたい場合は、その当日ではなく前日に囲います。なるほど、と膝を叩かれた方も多いと思いますが、スポーツ選手や演奏家が会場の下見に行くのと同じ考え方です。自分が立つ場を先に知っていること、場を一度経験することの強さ、といったらいいでしょうか。事前に現場との関係をつくるために、場の周辺を歩いてぐるりと〝囲う〟のです。場の全体をくくる、囲うという意味でなら、その空間をぐるりと囲むように歩く、あるいはその建物の全体を歩く、ということも有効です。そのことよってその場の全体を、身体は経験として囲い込むことができる、ということです。

私も以前、初めての会場や、どういう展開になるか予測が立たないようなところでやらなければならないときは、早目に行って、その会場の周囲を歩きました。

物理的に場の周辺を歩く。これは身体にはわかりやすい〝囲い込み〟の方法です。

建物が変形で、たとえば電車の駅の横にあって片側が歩けないような場合は、線路の向こう側を歩くことをしたこともあります。大きく回ってもいいから、とりあえずぐるりとくくってしまう。そうすると、全体をとらえていることには違いない。時間的にも、歩いて回るとなると講座の前に回ることになるので、その場に人が集

まる前に先手を打っていることにもなる。もっとも、実際はもっと前から先手は打っているわけですが、

先見の明、先手必勝という言葉もあるように、「未来を予測できる」という手だてを持っているのは強みです。一つの武器になるともいえます。

その日その場で対応する方法

では、事前の準備ができず、当日のその場での対応しか機会はない、という場合はどうするか？　これが中学二年のときの私の状況です。あれほどみんなの目線が自分に向かってくるものだとは思いもしなかった、という時点で後手に回っているわけですが、予期せぬ事態が連続したために仮に後手に回ったとしても、まだリセットするチャンスはあります。

これは講座でもよくみなさんと一緒に体験する方法なのですが、追い詰められた気持ちのまま始めずに、まず一呼吸おいてから、その空間の四隅に順に目線を移していくのです。たとえば、向かい側の左隅に目をやったら、次は向かい側の右隅、次は手前側の右隅、次は手前の左隅、そして最後は戻って向かい側の左隅へ。これ

で空間の四隅に注意を向けたということになり、身体としてはこれでこの空間を〝囲った〟ということになるのです。私の身体が囲い込んだこの空間の中には、私も含めた全員がいます。空間が中にいる人を囲い込んでいるともとれる状況です。その空間を、四隅に目線を投げることで私が〝囲った〟わけですから、ここで形勢は逆転、私は注意をみんなに向ける立場に立つことができる、ということになるわけです。

そんなに簡単にいくだろうか?という声が聞こえそうですが、もちろん、そういう疑念を自分に向けている人はなかなか形勢逆転までは持っ

ていけないだろうと思います。

うまくいくかな、どうかな……と思っているということは、自分に注意が向いているということですから、その時点で形勢逆転はきびしい状況ともいえます。わっと大量に強い注意がすでにやってきている状況をいかにはねのけるか、というのがこの場面のミッション、ということからすれば、空間を〝囲い込む〟＝把握できる自分の身体が広がる、ぐらいの明快さで気持ちを持っていきたいところです。

さて、念には念を入れて。

事前にも対策がとれなかった、当日の始めもうまくリセットできなかった、どうしよう……という場面も当然あります。要は、空間を自分のものとして取れなかった完全なアウェイの場合どうするかですが、こういうときは、

敵陣にとらえられたふりをして突破口を見つけ出す

完全アウェイ状況に追い込まれたら
～トロイの木馬作戦、または香水作戦で

いってみれば〝トロイの木馬作戦〟を遂行する心算が必要です。場の空気は完全に相手側に取られているので、自分から香水を発するかのごとくその場の空気を変えていかなくてはなりません。そういう意味では〝香水作戦〟と呼んでもいいと思いますが、空気を変える何かを発していくわけです。「自分が動くことによって空気は変わる」作戦ともいえます。

たとえていえば、コップを動かしたいときにコップを直接動かすのではなく、結果として、コップが動くような作戦です。そうなれば、そのテーブルについているだれかがそのコップを動かしたくなるように言葉がけをしていく、ということも作戦のうちです。

空間が完全に相手側に取られている、自分は一人アウェイな状況というのは、会議のような場面ではよくあるのではないでしょうか。

そういうときに、場の空気に気圧されて、自分の内側に注意が向いてしまったら、いつもなら通る正当な意見も通らない、ずっと押されっぱなし、ということもあり

得る事態でしょう。そういう場面で自分から振り撒ける〝香水〟は何かというと、限られていますがないわけではありません。たとえば、「自分の意見」です。

たとえ私が総スカンを食らっている状況の会議であっても、これは最後の切り札ですから、私の意見はこうで、こうで、こうだからと、きちんと、はっきりという香水作戦を、私なら徹底します。どんなに詰められても、こうです、こうでしょうと、一つひとつピタッと返せていけるなら、少しずつでも徐々に空気は押し返していけるのです。

オセロの盤上の石が自分の色の石へと一つひとつひっくり返っていくように、淡々と、しかし、きちんと詰め続けていく――これも、「空間」の力を自分のものにしていく、一つの方法だと思うのです。

身体というのは本当におもしろくて興味深いものだと思います。その可能性を引き出す入り口や方法は、引き出そうとする人によって変わってくるのは当然のことですが、身体というものが、たとえば私という個人のものとして完結していると考えるのか、そうではなく周囲の空間（そこには人も含まれます）と何らかの形でつながり影響しあっている存在と考えるか——その身体観の違いは、その人の身体の付き合い方を左右するぐらい大きな違いではないか、とも思います。

「空間」と「わたし」のつながり方。このテーマは、これからさらに展開の枝葉を広げていくような気がします。

第六話

「ま」の発見

～maを動かせばsekaiは動く

「新しいわたし」を発見するための ひとコマ講座❻

気が散ったときはその場の「変わらないもの」を探せ！

会議室での話し合いの場面。「こう言ったらどう思われるか」と自分の内側に注意が向いたり、意見の合わない相手のことが気になったり……と、注意が散ってしまうことはよくあります。そんなときは、その場で「変わらない」ものに注意を向けてみること。たとえば、その部屋に飾ってある花瓶はどうでしょう？　花瓶は議論がどう転がろうと変わりません。「変わらないもの」に注意を向けていると気持ちが落ち着く――これも〝法則〟です。眺めているうちに、それが議論の〝箸休め的な効果〟になってじんわりと効いてくるはずです。

同じ風景が繰り返し現れる一本道をたどっているように見えながら、気がつけば高さが変わり目に入る景色も少しずつ変わっていく、螺旋のおもしろさ――

〈研究ノートから❸〉でも触れるテーマですが、身体の動きについて理解を深めていく研究も、本当に螺旋の道そのものだと思うことがよくあります。

本書がここまでたどってきた道も同じように、螺旋の一本道といえるかもしれません。道の入り口に立つ「注意の向け方によって身体は自在に変わる道」という〝看板〟に誘われて踏み入ってみれば、「指先に注意を向ける道」をひと巡り、「五感をめぐる道」をひと巡り、「コトバの道」をめぐって螺旋は続き、そして「空間の道」へ……進むにつれ、高さは徐々に変わって視界が広がり、たどってきた道の風景は、周回を重ねるごとに、色合いを変え印象を深めていく。みなさんにとってもそんな螺旋の道であってもらえたらなあと願いながら、ひとまず本書では最後の周回がめぐってきました。

締めくくりのテーマは、「ま」です。
音はマ、物と物の、音と音のあいだ――辞書を引けばこんな説明が目に入る「ま」。一見、身体とは何の関係もなさそうです。

なぜ「ま」なのか？　「ま」とは何か？……すでにみなさんの疑問は山ほどあろうかと思いますが、身体のことは身体に聞け、です。

まずは「ま」を身体で感ずるところから始めてみたいと思います。

タネも仕掛けもないふつうのお盆で

私が講座でよく使う小道具がいくつかあります。先に紹介した30センチほどの丸棒もそうですが、お盆もその一つ。タネも仕掛けもないふつうのお盆です。このお盆を差し向かいになった二人が手に持ち、押し引きする。ただそれだけの単純な動きですが、注意の向け方がピンポイントで〝はまる〟と、力感のない何気ない動きなのに、お盆を持つ相手の身体がこらえきれずぐらりとなってしまう……そんな自分でも驚くような力を生み出す瞬間を体験できるのも、この「お盆を動かす」ことのおもしろさです。講座では同じことを丸棒を使ってやることもあります。

場面設定はいまお話しした通り、「一つのお盆を差し向かいになった二人が手に持ち立っている」。試みる動きは、お盆を一方が出す、もう一方が自分に向かってくるお盆を（押されてしまわない程度に）受け止める。それだけです。

ポイントは、お盆を出す人に与えられる指示にあります。次の三通りの指示に従ってお盆を出してもらったとき、心地よくお盆が出せる指示と、どんなにがんばってもむずかしい指示が実はあるのですが、予想はつくでしょうか。三通りの指示を書き出してみます。

A　自分が持っているお盆を出す
B　相手が持っているお盆を出す
C　相手と持っているお盆を出す

三通りとはいっても、「お盆を出す」動作そのものは変わりません。「どこがどう違うの？」と心の中で首をかしげている方もきっと多いことだろうと思います。実際の講座でも動き始めはみなさんが手探り、ざわざわとどっちつかずの空気感が漂っているのですが、何度かこの三通りの指示に従って繰り返しているうちに、注意の向け方が〝はまる〟人が出てきます。そうなると会場はがぜん盛り上がってくる――というわけですが、どうでしょう？

推理小説なら犯人を最初に教えるのはご法度ですが、この「お盆」は結果がわかっていても間違いなく盛り上がります、という保証つきで先へ話を進めると、〝はまる〟人が出てくるのは実はCだけです。このときのお盆を出す動きの軽さをどう表現するかは、人によっていろいろだと思いますが、とうてい動かせないだろうと思っていたものがすっと動いたときの体感には、硬い木材に金槌の一振りで釘を通せたときのような新鮮な驚きが感じられるものです。

ところが、一方のAとBの指示ではなぜかCのような爽快な動きは引き出せないのです。

お盆を持ち合う二人に体格や筋力の大きな差がある場合は別ですが、「お盆を出そうとしても出せない」人がほとんどではないかと思います。その〝無理感〟は、お盆を出す人がそうしようとした瞬間にわかりますから、これこそ論より証拠、一度みなさんも試していただければ納得されると思います。試すときにはあれこれ考えず、A〜Cまで書いてある言葉通りに小さく声に出してから動いてもらうと、より違いがつかみやすいと思います。

動作は同じようでも
注意の向く先が変わってしまう

なぜこのような違いが生まれるのか？

注目していただきたいのは、一見「動作そのものは同じ」にしか見えない三通りの指示が微妙に変わっているところ、「どういうお盆なのか」を説明しているところです。

Aは「自分が持っている」、Bは「相手が持っている」。お盆を持っているのが自分か相手かの違いはありますが、「○○が持っている」という表現は共通しています。対するCは「相手と持っている」。

「自分が持っているお盆」、「相手が持っているお盆」、「相手と持っているお盆」――どれも事実のある一面を物語っています。ただ、第四話でもお話ししたように、ある物事を表現するコトバ（文章も含みます）が変わると同時に、自分の中の認識や物との関係性も実は変わってくるのです。ここが「コトバ」と「身体」の関係のとても興味深いところです。そのことを裏書きするように、この二通りの表現に沿って、お盆を出す人の「注意がどこに向くか」を検証すると、動きの形だけ見るなら何の変化もないように見えながら、注意の向け方には大きな違いがあることがわかってきます。

まず、AとBに共通している「○○が持っている」という表現。ただのお盆ではなく、「自分（あるいは相手）が持っている」という点をわざわざ強調した言い方ですから、「お盆」よりも「自分（あるいは相手）」に重みがある説明の仕方といえます。身体はコトバに忠実ですから「自分（あるいは相手）の延長にあるお盆を動かすということなんだな」という理解をします。その理解は、具体的には注意の向け方に反映され、注意はまず「自分（あるいは相手）」に向けられます。

対するCの「相手と持っているお盆」。言い方としてはBの「相手が……」の「が」が「と」に一文字変わっただけですが、意味合いはがらりと変わってきます。お盆は、相手も持っているけれども自分も持っている。

つまり、そのお盆は相手と自分が共通して持っている物であり、相手のものとも自分のものともいえない中立的なもの。

ということは、注意は自分や相手の一方に偏ることなく、その両方の共通項であるお盆そのものに向かうことになる、と考えることができます。

もうみなさんには読み解き方がひらめいているかと思いますが、ここまで何度か触れてきた「注意の濃淡」という観点でA〜Cの違いは読み解くことができます。注意が自分の内側や、外側（この場合は相手）に過度に向くと注意が濃くなり、身体に余計な力が入ってしまう。Cのニュートラルな注意の向け方がいちばん安定する——という「注意における濃淡の視点」をまず確認したうえで、螺旋の道をもう一回りしてみたいと思います。本話のテーマである「ま」という観点から、この「お盆の押し引き問題」を読み解いてみたら、どんな物語が現れるか？ということです。

テーブルの上に置かれているペンとコップ。「ま」はどこにある？

読み解きに入る前に。「ま」という考え（物事のとらえ方）の特徴を考える回り道を少しさせてください。

「ま」という日本語は、「間に合う」や「間が悪い」というような表現でふだんからよく使われる一方で、日本文化の特徴を表すコトバでもあるという研究者もいるように、奥深さも持っています。このような「ま」とはそもそも何ぞや、という大きな問いは興味深いものながら、私にはいまそこまで踏み込んでいけるだけの用意がないので、あくまで身体を通してみたときの私自身がとらえる「ま」に限ってここではお話ししたいと思っているのですが、

この「ま」というコトバのおもしろいところは、「侘び寂び」のようなコトバとも似て、本来はあるともないともいえないものに、意味深長な名前がつけられていることかもしれません。

たとえば、ペンとコップがそれぞれ無造作にテーブルの上に置かれているとき、私たちはそこに「ま」がある、とはふつう考えません。ペンとコップがそれぞれある。そういう認識です。

ところが、「このコップはペン立てになるのでは?」とふと思いついた目で、ペンとコップを眺め始めると、テーブルの上の〝景色〟はそれまでとは変わり始めます。

ペン立てという双方に共通に通用するアイデアでつながった二つは別々のものには見えなくなり、そこではじめて、ペンとコップの関係、つまり「あいだ=ま」が見えてくる、ということになるのです。

「ま」はそこにあたりまえにある、わけではなく、「二つ以上のものを何かの視点で関係づけてとらえたときに、はじめて現れてくるもの」。そう考えると、「ま」というコトバがどんなものの見方を前提にしているのか、その特徴が見えてくるような気がします。

もう一つ、「ま」のおもしろいところは、その「ま」をつくりだしている物事のどれにも関係していながらどれでもない曖昧なものである、ということです。

お盆は「橋」である?

どちらのものでもなくどちらのものでもある、というと、たとえば、川にかかった橋のようなものが思い浮かびますが、見立てれば、たしかに橋も空間的に表現された「ま」に見えてきます。橋はどちらの岸にも属してはいないから岸より陸側だけで暮らしている人には大して役に立っているようには思えない。けれども、実際には、向こう岸とこちらの岸をつなぐ大事な役目を果たしているものであり、その意味では橋は双方の人たちにとって共有物ですから、だからこそ、もし橋が移動するようなことがあれば、両岸もそれに否応なく対応しなくてはならなくなるのです。その、意味では、「ま」は双方に大きな影響を与えるもの、ともいえる……「ま」の性質、特徴が、机上の推論からですが、かなり見えてきたのではないでしょうか。

と、ここで、場面は戻って先ほどの「お盆」の場面へ。

「お盆」の場面を、「ま」という視点でもう一度、とらえ直してみたいのですが、ここまで読み進められたみなさんにはすでに多くの説明は必要ないかもしれません。そう、お盆と自分と相手という二つの要素が関係するこの場面で「ま」になりうる要素はといえば、「お盆」以外にはありません。「お盆」は「自分」と「相手」がともに手に持っているものですから、いわばお盆は「自分」と「相手」をつなぐ橋です。どちらのものでもあり、どちらか一方のものでもない共有物、つまり「ま」として実にふさわしい存在です。

A~Cの動作の指示をこの「ま」の視点で見直せば、これも一目瞭然、Cの「相手と持っているお盆」が、実は「お盆が間である」ということを語っているということがわかります。

では。

「ま」を動かしてみましょうか。

ポイントは「自分が持っているお盆」でも「相手が持っているお盆」でもなく、「自分と相手の間であるお盆を動かす」です。

みなさんも、キッチンからお盆を持ってきて試してみてください。どうでしょう?

「なんなんでしょうねえ、いままでとぜんぜん違って楽にお盆が出ます……」と、体験された方はみなさん不思議がりますが、もちろん、これはお盆だからできたわけではなく、お盆が棒や箸、あるいは人に代わっても同じです。

「出す」「引く」「押す」など、どんな動作の場合にも通じることですが、その「しようとする動作をする前にどこに注意を置き、動き始めるか」が大事なポイントです。「自分」か「相手」か、その間にある共通のもの（お盆や棒）か。注意を置く場所がこのように三つあるとき、たいていは「自分」か「相手」に注意が向かうものですが、そうせずに、間にある「共通のものに注意を置く」と、動きの質がいい意味で変わってくるのです。

「いや、自分は棒に注意を置いていた」という方ももちろんいると思いますが、そういう体感を持つことは珍しいことではなく、むしろほとんどの人は最初、「自分ではそう思って」動いているのではないでしょうか。しかし、実際にコトバとして発していなくても、「自分が持っている棒である」事実は何より手応えのある体感ともいえますから、注意は自分に向いていることが多いのです。その隠れた気持ちをリセットしないまま棒に注意を向けようとしても、結局は「注意を棒に向けたつもり」のまま、ということになってしまうわけです。

このことは、次のような言い方を試してみるとよくわかります。

「相手と持っている棒を出す」は、「ま」をうまく表した表現です。素直に動き出せば、棒を楽な手応えで押し出すことができます。ところが、この表現に、「自分が」をくっつけてみます。

「相手と持っている棒を自分が出す（引く）」とどうなるか？

事態は一変します。「自分が」がないときには楽に動かせていた棒が、「自分が」が加わった途端に、棒に重りがついたかのように動かしにくい物体に変わってしまうのです。

「身体というのは〈わたし〉の向ける注意の変化に一瞬一瞬素直に対応して、変わっていくものなのだ」ということが、コトバと身体の関係をこうして追っていくとよくわかって感心させられます。

逆に、これは第一話の話にもつながりますが、物言う私は物言わぬ身体の変化にやや鈍感なところがあって、注意の向く先が変わったことに気がつかないことが実は多いのかもしれません。これは、緊張した状態にある人や、自分なりの熟練したやり方を持っている人にありがちなことなのですが、棒を出していこうとするときに、「相手と持った棒に注意を向ける」をした後に、「ふーっ」と気持ちや呼吸などを整えてから棒を出そうとすることがあります。注意は「ま」に向けている、あとは気持ちを整えて……ということだと思うのですが、やってみるとこのやり方は残念ながらうまくいきません。

なぜかというと、気持ちを整える、あるいは息を整えるというのは、「自分」を整えようとすることと同じだからです。つまり、棒に置いたはずの注意を、結局、自分に戻してしまっているのです。

こうしたふだんのあたりまえの動きで身についた、自分ではごく自然にやっている動作が、実は身体の状態を変化させているということ、このことをていねいに観察し自覚できれば、良い方向へ修正していくことができます。こうした観点はとくに、スポーツ選手や精密な動きを要求される仕事に就いている方には、動きの精度をあげるときのヒントになることかもしれません。

突然ツノが生えてきたとしたら……？

いま、注意がどこに向かっているか。自分か、相手か。どうなのだろう？——最初はそう感じる方が多いのではないかと思います。そこで、場が盛り上がったときは、私はこんな突飛な質問をしてみることがあります。

「たとえば、AさんとBさんとで棒の押し合いをしているとき、Bさんが最初は優勢だったのに、突然、Aさんの頭からツノが生え出したとするると、どうなると思います？」

講座の最中に唐突にこんな質問をされたら、された方も面喰らうと思いますが、私としては真面目な質問です。

頭から突然ツノが生えてくることはまれにも起きないこと、つまり仮のお話なのですが、もしそういうことが本当に目の前で起きたとしたら、だれでもやはりギョッとするはず、という想定です。ギョッとするということは、Bさんの注意はAさんのツノに奪われてしまったということです。Aさんのツノが気になった瞬間に注意はツノだけに寄ってしまい、押し合いそのものへの注意力も散漫になって、結果として押し出す力が弱まり、形勢逆転になってしまう……と予想できます。ただし、ここで勝負は終わりではありませんから、一度注意をツノに奪われたBさんが気を取り直して、「いやいや、注意は間に置いて」とパッと切り替えられるなら、再び主導権はBさんへ、という可能性も十分あり得るわけです。

相手の頭にツノが生えないと思っているから、生えてしまうとドキッとする。だから、注意が変わるし、ふっと迷ってしまう。これは「相手という安定しないものに注意を向けてしまっているから」ともいえます。相手を自分に変えても同じ事情は発生します。力の加減が気になったり、何か心配ごとが心に浮かんだりすると、すぐ注意はあらぬところへ持っていかれてしまいます。

相手も自分も安定はしない——。

対して。

「ま」のいいところは、「変わらない」ということです。

「相手と持っているお盆」を「ま」にすると決めたら、お盆がどんなふうに動こうと「相手と持っているお盆」は変わりません。その変わらないものに注意を向け続けている限り、注意は相手にも自分にも寄らないのです。

第四話の例としてご紹介した「くっつく」動作の自在さを思い起こしてみてください。「くっつく」が「ついていく」とは比べものにならないほどの軽快さ、自在さを発揮できたのは、「くっつく」というコトバの指示によって、「相手の手と自分の手が触れている接点＝〈ま〉」に身体が注意を向け続けていられたから、と考えることができるのではないでしょうか。「ついていく」になると、どうしても「相手がどう動くか？」という気持ちが湧いてくるものです。その時点で相手に注意が向いてしまっているので、動きにくさが生まれてしまうのです。

本書の中で何度も登場してきた「指先に注意を向ける」。この指先も、「指先＝自分と周囲の空気の接点＝〈ま〉である」ととらえ直せば、「ま」と身体の関係として見えてきます。天井のマークと立ち姿勢の安定感を検証した第二話の例も、マークは「天井と自分の接点＝共通項＝〈ま〉」としてとらえられますから、これも立派に「ま」の観点から読み解くことができます。

「ま」は、漢字では間とも真とも、さまざまに表記できますが、音としてなら、たった一音。その一音が、ある物事とある物事の「あいだ」に置かれて、そこに注意が向けられると、注意を向けた人の身体の動きやすさが変わってくる——。

「ま」というものの見方のおもしろさ。みなさんの中でも、なんとなく、ふくらんできたでしょうか。

「できなければ無意味」の教え

「いったいどこから、〈ま〉という発想がやってきたんですか？」

はじめて「ま」を手の内に入れたみなさんの中からそんな質問をいただくことがありますが、表情はどこかうれしそうです。本音は答えを聞きたいというより、このワクワク感をしばらく味わっていたいのでとりあえず聞いてみた、ということなのかもしれませんが。

さかのぼって考えてみると、発想の芽のようなものはやはり、武術研究者である父のアシスタントのようなことをしていた頃に、すでにあったのではないかと思います。

「できなければ無意味」――これは父がよく言っていたことです。

当時から介護の技術や音楽家への助言など武術の域を超えた活動をしていた父ですが、一本貫く筋はやはり武術畑。生死がかかった窮地では、待ったはきかない。かかってきた相手の技、あるいは状況を返せるかどうか。正しいやり方かどうかなどは関係なく、理屈抜きに返せないとどうしようもない――。武術畑の人らしい考え方といってしまえばそれまでですが、武術をやっているかどうか、いままで長く積み上げてきた実績があるかどうかは問題ではない。そこに価値を置かない宣言ともいえることですから、当時から武術は自分の進む道ではないと思っていた私も、このコトバの範疇外に置かれているわけではなく、むしろ「できなければ無意味」は自分の問題として日々突きつけられているように感じていたのだと思います。

たとえば、相手に押さえられた腕をどうやって振り払うか、という場面等を想定した稽古のとき。目指すべきところはどんな相手に対してもしっかり返せるかどうか、なのですが、

これが意外なほど簡単ではないのです。押さえられた腕を動かすだけという、ごく単純なことにもかかわらず、相手によってはまったくできなくなる。このムラ、粗さをどうやったら克服できるのか？　動かしたいと思った腕をだれが相手でもできるようになるにはどうしたらいいか？

そんなことを自問自答していく中で、みなさんにここまでずっとお話ししてきた「注意を向ける」ということを考え始めるようになっていったのです。

本書の中でみなさんにお伝えしてきた「指先から動く」ことの大切さに気づいたのもこの頃です。

「指先から動くように」という教えは、私が父のいる武術の世界に触れたときにはすでに優れた先達の教えとしていわれていることだったのですが、しかし「指先を動かす」とは具体的にはどういう動きなのか、その細部までコトバになっているわけではない。ならば自分で考えるしかない、と。指先とは正確にはどこを指すのか、指先に注意を向けてみるとはどういうことか……自分なりの試行錯誤をしていくうちに、たしかに動けるようにはなっていったのですが、ところが、いくら私が「指先からの動き」をしたとしても、自分の上を行く相手にふっと押さえられてしまうともう動けなくなってしまう。もちろん、信じ込んで指先、指先とやっていこうとすると、少しはできる確率が上がることもあるのですが、とにかく、指先から動くという一点特化です。とはいっても、相手に動きを読まれて先回りされると対応ができない。指先から動くという一点特化の精度を上げたにもかかわらず、対応できないことがあるということは、根本的に考え直さなくてはならないことがあるに違いない。それは何だろう？という疑問を自分自身でずっと分析していったのです。できるはずなのに、できなくなるのはなぜなのか？

「なるほど。そのとき〝どうしていいのかわからない自分〟になってしまったからか……」と気がついたのは、ずいぶん時間をかけて自己分析してからのことです。

「どうしていいのかわからない自分」とは「本来やるべきことから違うことへ気をとられてしまった自分」ともいえます。

動き出す前はたしかに指先に注意を置いているのです。ところが、いざ動き出し、腕を振り払おうと思ったときにふっと押さえられてしまうと、急に触れられたところに注意が向いてしまって、そのことに気をとられてしまう。その瞬間、注意は指先から自分（触れられたところや焦っている心理状態）に移っている——。そのことに気がついたのです。注意が指先ではなく自分に向いたということは、すでにもう違うことをしているんだな、と。

では、どうしたらいいのか。押さえられたときに、注意が散らないようにしなくてはいけないことはわかっていたので、求める目標ははっきりしています。腕を押さえられた私がその腕を思い通りに動かせたとき、その動きによって相手に変化が現れる（崩すことができる）。

自分の自在な動きとそれによって変化する相手の動き、その両方を成り立たせる「何か」とは何だろう？

その「何か」をずっと考えていたのです。

できるとき・できないとき。何がそうさせているのか？

では、場面を日常に戻して考えたらどうなるか。たとえば、少し離れたテーブルの上に箸を置きに行く、という動きを考えてみましょう。テーブルまで歩いていって、手に持っている箸をテーブルの上に置く。ふだんあたりまえにやっている動きだけれども、「歩いて」「箸を置くまで」には「だれかに押さえられた腕をあげる」よりもむしろ複雑な動きが入っている。

にもかかわらず、だれでもふらつくことなくできるのはなぜか？　バラ

ンスをとろうと思わなくてもバランスがとれているのはなぜか？

何がそうさせているのか？——そんなふうに問いを積み上げていくうちに、散っていた答えが一つのことにつながってきたのです。

「細かく見ればいくつもの動きが含まれているけれども、行為としてやっていることは一つだけだ。ただ〈箸をテーブルの上に置きに行った〉というだけ。ここにヒントがあるのかもしれない。つまり、求めたい要素をすべて含んだ一つの動作をすること。それだけで、結果的にバランスも何もかも必要な要素はうまく作用してくれるのではないか……」

一つのことに注意を向けて動く——何度か本書でも登場した「一動作一注意」の法則がおぼろげながら見えてきた頃の話です。一つに注意を向けるのはよしとして、次の問題は「どこに注意を向けるか」です。ここに光が見えれば、「押さえられた腕をあげる」問題も解けそうな感じがします。

注意を向けるのは自分か？　相手か？

考えながら思い浮かんだ例の一つはこういうものです。

たとえば、明日までに資料をつくらなければならないから今日はがんばらなくてはいけない、と考えている人がいる。

周りの人は大変なら手伝うよと言ってはくれているのに、自分ががんばらなくてはいけないと思い込んでいるその人の耳に、その声かけは入らない。しかし、どうにも間に合わず、焦燥感が押し寄せてきた……となったときに、見かねて周りが助けてくれてなんとかなった――こういう状況のとき、明日までに資料づくりを自分がしなくてはいけないと切羽詰まっている人というのは、ずっと「自分に注意が向いていた」ともいえます。しかし、それでは十分ではない。最後に助けてくれた周りの協力者もはじめから見ておくべきだった、つまり「周囲にも注意を向けておく」必要があったというわけです。しかしながら、この場合はそのことに気がついたのは、すべてが終わったあとだったわけですが。ただし最初から自分にも周囲にも注意を向けておくとなると、注意を向けるところが「自分」と「周囲」の二つになってしまう。あることをするときに、二つのことに同時に注意を向ける必要があるとなると、やはり動きにくくなってしまうのではないか……。

武術的な場面にこれを置き換えてみることもできます。相対する素早く動く相手のことを把握しなければいけないけれども、相手を把握しようとし過ぎると自分の動きはできない。自分の動きのことばかりを気にしていると、相手の動きが読めずにまた崩されてしまう……実際、私自身の経験でも同じようなことがありました。

自と他を行ったり来たりしてする注意の向け方では、どちらかに注目をした瞬間にどちらかが崩れるのです。

二兎を追えばどうしても精度が下がります。

さて、どうするか？　やはり、注意を向けるべきは一つにしなくては、とこだわっていったときに、こんな考えがふっとやってきたのです。

相手でもあり自分であるもの。共有しているものを動かしてみよう。共有しているものを動かすなら二兎を得るということになるのではないか！

そこからどういう経緯で「ま」というコトバにつながっていったのかは思い出せませんが、共有するものとして二者における間合いなどを含めた「空間的なもの」にひらめきが向いていったことが、「ま」という考えに発展する一歩だったように思います。その着想を得たのはこういう場面を経験したことも背景にあるように思います。

意見が食い違って言い争いをしているような、簡単にいえば、〝もめている〟ふうの二人がある部屋の中にいたのです。その場に居あわせた人がほかにも何人かいて、その中の一人（もめていた人たちとは全然関係のない人です）が「ふーっ」とため息とも深呼吸ともつかないような声を出したその瞬間、一気に場の空気が変わった、と私には感じられた。いがみあっていた二人も気勢を削がれたように静かさを取り戻していたのです。

これは何だろうか？——いがみあっている二人は何も変わっていないのに、ふーっというひと息が空気感を変えたら、二人の様子も突然変わった。

空気感が変わったことが原因だとすれば、空気感とは何だろうか？

言い争っていた二人との関係性でいえば、「二人が共有しているもの」として、一つには空気感があると考えることができるかもしれない。ならば、ほかにもあるのではないだろうか。自分でもなく、相手でもなく、二人が共有している何かを動かせば、そこに接続している二人もまた変わる、動くということになるのではないか――?

ここまでくれば、「ま」というコトバと出会うまでは時間の問題だったろうということはわかります。最初の問題の立て方が少し違っていたということも。注意を向けるのは自分か、相手か?ではなく、もう一つそこに、「どちらでもなくどちらでもある何か」という視点が必要だったということです。

人も「ま」になる

はじめて訪れた山や森の中を散策すると、歩き始めは目に入るものがすべて新しいものに見えていたはずなのに、後で何を見たのか思い出そうとしても思い出せない……そんなことがありますが、逆に、歩き慣れてくると、最初はまったく目に入らなかった小さな草花や昆虫なども自然に目に入ってくるようになるものです。

同じようなことだと思いますが、「ま」というものをどうとらえたらいいのか、私自身の中で掴めてくると、身の回りのあらゆるところに、それまではあるとも思っていなかった「ま」が勝手に見えてくる、ということが起きてくるようになりました。「ま」は初めからそこにあるというものではなく、先にも触れたように、物事と物事のあいだに、ある関係を見出そう、とらえようとした人にだけ見えてくるもの、ともいえますから、「ま」の性質を理解すればするほど見えてくる、「ま」が増えてくる関係にある、ということでしょうか。

「ま」を見出す物事はそれこそ何でもいいのだと思います。

たとえば、気まずくなってしまった人間関係を修復したいとき、あいだに共通の友人が入ることで収拾がついたりすることがありますが、これは共通の友人が「ま」として動いてくれた、両者のどちらか一方につくのではなく両者の架け橋になってくれた、ということだと読み込めばなるほどと思えます。

ここで大事なことは、あいだに入った友人が、どちらの肩を持つわけで

もなく、両者に信用される「ま」として働くかどうかということです。

あいだに入った人が正義感に燃えて「自分が解決してやるんだ」とばかりに、裁判官のようにもし振る舞えば、かえって事態の収拾はむずかしくなるだろう、ということは容易に想像できます。

いろいろなケースがあると思いますが、人が「ま」になる場合、「ま」となる人が状況をコントロールしようとしないことは、「ま」として機能するための条件の一つかもしれません。二人で棒を押し引きするとき、棒自体はただそこにあるだけ、何もしようとしていないのと同じです。そういう観点でわかりやすい一例を挙げるなら、「芸能人」と呼ばれる人たちでしょう。「芸能人」はファンとファンをつなぐ「ま」とも、広く社会の中での「ま」の役割を果たしているともいえるのではないでしょうか。

一方で、「ま」であることを裏返せば、実は「ま」になっている人は自分が共通項となってつないでいる人たちのことは気にしていないともいえます。

たとえば、ミュージシャンでいうなら、自分にファンがいることは自覚しているし、ファンがいないと寂しくは思うけれども、ファンのことは深く知らないし、細かくは見ていない。そこが大事なところだと思います。「ま」として働くためには、つながっている相手との一定の距離感、文字通りの「間」もきちんととる必要がある、ということです。

「大きい・ま」と「小さい・ま」

「ま」を応用していくとき、困るのは、相手にするべき人や物事が複数になったときです。棒やお盆を押し引きするような、一対一の場面であれば、相手と自分の共通項は比較的簡単に見出せるのですが、学校の授業のように一人で多くの人を相手にする場面では、一人一人に対応するわけにはいきません。こういう場合、何を「ま」とすべきか、迷ってしまうものです。

そんなときは、「ま」をもう少し細かく分類して、「大きい・ま」と「小さい・ま」に見立て直すと、見通しがぐっとよくなってきます。

「大きい・ま」は「動かない・ま」、「小さい・ま」は「動かせる・ま」と言い換えることができます。

たとえば、大人数を相手にする講義や講演のような場面。話を聞いてくれる聴衆全体が好意的な場合は、ある意味簡単です。勝手に緊張して自分の内側にこもってしまわない限り、適度に聴衆へ注意を向けているだけで、場の雰囲気はよく保たれていくはずです。ところが、いろんな野次が飛んでくるような、批判的な人たちが多い場所で話さなければならないときはそうはいきません。野次が耳に入り、怒り顔が目に入り……となると平静ではいられなくなり、自分自身に注意が向き始め緊張が高まっていく、という悪循環にはまり込んでしまうこともあるはずです。

ならばと、批判的な聴衆一人ひとりに対して、共通項を見出そうとしても（これがここまでお話ししてきた「ま」であり「小さい・ま」です）、批判の内容はみな同じわけはありませんから、それこそ対応しようにも間に合いません。

では、どうするか？——実はこういうときの出番が「大きい・ま」

なのです。

「大きい・ま」は自分とその場にいる批判的な人全員に共通するものです。その場にいるすべての人よりも大きなもの、つまり、すべての人をくるむもの――と考えていくと、見えてくるのが、そこが講堂のような大きな場所なら、講堂の空間です。その空間全体を「大きい・ま」としてとらえ、そこに注意を向けていくのです。

第五話の、空間の四隅に注意を向けると緊張が和らぐという例を思い出してください。あの場面がまさにこの「大きい・ま」に注意を向けて成功した好例です。

その場にある空間というのは基本的には動かせないものですから「大きい・ま」＝「動かせない・ま」と考えてもいいわけです。

船の運航にたとえれば、船内の状況を良くするために、船長が必要に応じて個々の乗組員に指示を出したり、調整をするようなことが「小さい・ま」の視点です。

一方で、船は目的地に向かうという全員に共通する目的があるわけですから、その目的が支障なく果たせるような舵取りもしていかなくてはいけない。それが全員の共通項である「大きい・ま」といえます。ところが、船を目的地に向かって走らせていくというこの「大きい・ま」の視点を軽くみて、船内の「小さい・ま」の最適化にばかり気をとられてしまうと、氷山にぶつかって沈没したタイタニック号のようになってしまうこともある……ということなんだろうと思います。

「ま」という三択目がある人生

ふだん私たちは「これを〈ま〉にしよう」と意識して決めて動いているわけではありませんが、気持ちよく動けているときには、注意が自分にも周囲にもかたよらないよう、「ま」になるものを自然にとらえているのではないでしょうか。

ただ、「いつも自然に」できるかというと、これもむずかしいのです。わかりやすい話、人間ですからなにか自分も関係する出来事があると、だれでも感情が入ります。物事に対する好き嫌い、得意不得意といった感情はだれにでもあるはずですから、それらが入り混じるだけで「いつも自然に」が崩れてしまうことになります。

「いつも自然に」が崩れてしまうとき、自分の注意はどうなっているのか？

と、問いかけてみると、自分ではそうと思わずに、「いまは自分が我慢しなければいけない」とか「ここは相手をなんとかしなければならない」というように「自分か周囲か」の二つの視点をぐるぐるめぐってしまっていることが多いのかもしれません。

これは、自分か相手か、どちらかを止める、あるいは動かすという発想です。自分では気がつかないうちに、「双方を動かすという発想を捨てている」ともいえます。

ここに「ま」が浮上してくる、まさにすき間があるのではないでしょうか。自分と相手の二つの視点しかなったところへ、「ま」という三つ目の新しい視点を置いてみる。

すると、知らずに捨ててしまっていた「双方を動かすという発想」が浮かびあがってきます。私は独楽をみると、「ま」という三つ目の新しい視点をよく思います。独楽は中心があるから回っていられるのですが、中心が動かない独楽ほど長く安定して回っていられます。動かない中心というのが、まさに独楽にとっての「ま」だと思うのです。回っている独楽の中心は、他のすべての部分に対する共通項として働いています。ところが、同じ円状のものでも、ドーナツのような中心がないものは、回そうにも回せない。つまり、動き続けるには「ま」となる中心が必要なのだ――物言う独楽があったら、そんなつぶやきが聞こえてくるような気がします。

日常の場面で考えてみると、たとえばこんな場面が思い浮かびます。親が子どもにこう言ったとします。「あなたのやりたいことをやっていい」「自由に生きていい」――大人である親は、子どもの気持ちを尊重した物言いだと思ってコトバにしているはずです。もちろん、悪気はなく、本当に子どもの生き方をを大事にしたいと考えて言っているのです。ところが。そうはいっても、と言われた子どもたちは思うかもしれません。「やりたいことを自由にやっていい」といっても、それは親が許す範囲でしょ？　それはぜんぜん自由じゃないよ！と。

親が思う自由か、子どもが思う自由か――。

すれ違ってしまうのは、この会話の前提になっているのがこの二択、二つの視点だからではないでしょうか。親と子どものあいだに「ま」がない状況ともいえます。

こういうときに、二択じゃない、三択目があるよと「ま」を示してあげる。三択目の「ま」は、たとえば、「子どもの生き方」です。「その子の生き方」を、親と子どもが共通項として一緒に考えてみようとする。そのことでお互いが納得しあえる「自由」へ一歩でも近づけたら、お互いの気持ちも冷静になり、緩んできて、さらに深まった会話ができるようになるかもしれません。「子どもの生き方」でなければ「家庭の事情」でもいいでしょう。我が家の「家庭の事情」を真ん中にしたうえで、お互いの考える「自由」をすり合わせていく。結果、折り合えるかどうかはわかりませんが、少なくとも不毛な話し合いにならない可能性は高いと思います。

「ま」という三つ目の選択肢があるということ、あると思えること。
それは日常のさまざまな場面で、みなさんが意外に思うほど、気持

ちの余裕と解放感をもたらしてくれるものだと私は思います。

一つの動かない支え、「ま」というものがあるから、動かせるところを自由自在に動かすことができる。それは私の身体技法用語でいえば、「三動一定」や「上定下動」などでも表現できますが、定があることで動が生まれる。ベースキャンプがあるから動ける、ということです。

複雑で一筋縄ではいかないのが人生、ともいえますが、その複雑さのすき間に「〈ま〉を発見する」ことで、巡りの止まっていた気持ちに動きが生まれ、巡りめぐって、それが自分にも周囲にも心地よさを運んでくれることになるのではないでしょうか。

同じような毎日でも、周回を重ねるごとに新しい景色が開けていく。「ま」という発想は、そんな螺旋の道を歩くための心強いツールになるのかもしれない。そんなふうに私は感じています。

研究ノートから❸

血液が体内をめぐるように

「力を入れすぎているから緊張して動きにくい」「予定を詰め込みすぎたので新しくやりたいことができない」など、停滞気味になるときには、なにかとかたよりがあるものだ。

そんなときには、血液が体内をめぐるように、身体や身の回りの環境に循環するサイクルができているかに注目をしてみるといい。

具体的に心がけたいことがある。力が入りすぎたら抜くことを考えるように、反対のことを心がけることはだれもがすることだが、そこで循環を止めてしまわないようにすることだ。それは、停滞しやすい人は反対側のことをずっと考えていると、今度は反対側に行ったところで行き詰まってしまう傾向がみられるからである。

たとえば、大きな交差点の信号機がこわれたことによって起きた渋滞を解消するために、警察官が交差点の真ん中に立って手旗で指示を出すとする。これは停滞を動かすためには役に立つ力だ。信号機が復旧するまではなくてはならない力になる。信号機が正常に機能すれば警察官のお役目も終わるのだが、もしこの後も、警察官が手旗で交通整理をし続けたとしたらどうだろう？　いま、その交差点に差し掛かった運転手が信号を見ていたら、警察官がいることで戸惑い、また違う渋滞が起きてしまうのではないだろうか。

事故などの理由もなく実際にはそんなことはありえないわけだが、要は「状況に合わせて循環する力はちゃんと働いてくれる」という話であり、「動くときの力の出し入れは身体に任せるとうまくやってくれる」と信じてあげることだ。停滞のときには停滞を解消する力を、循環し始めたら循環を止めない力を身体は自然に察知して出してくれる。

身体は信じれば信じるほど優秀なパフォーマンスをしてくれるものなのだ。

人生の道は螺旋である

人生のふとしたとき、物事がうまくいかなかったり、飽きたと感じるときに多いように思うが、「同じことの繰り返し」をしているような気持ちになることがある。そういうときは、物事をとらえる視点が固定的になっていることもあるので、私はこう考えるようにしている。人生の道は螺旋のようだ、と。

螺旋は上からだとただの円に見えるが、横から見ると塔や坂のように見える。私が螺旋におもしろさを感じるのは、同じものでも見る角度によってまったく違って見えてくることだ。上から俯瞰した視点で螺旋をとらえると、何周しても同じ円の繰り返しに見えるが、横から見れば一周するごとに着実に前よりも高さが上がっていることは明らかだ。山の中腹と頂上では見える景色の広さが変わるように、螺旋を塔だとすると、一周目と二周目では視界が変わる。

趣味を突き詰めた結果、シンプルなものを好むようになったり、職場を転々とした結果、古巣へ戻ってくるようなことも、人生の流れにはあったりする。これをふりだしに戻ってしまったと感じるときには、螺旋を横から見

る視点を持ってみると、実は到達している高さがまるで違うので、見える景色は変わっていることに気がつく。いま立っているところは、積み重なってきた経験値があってのことなのである。

単調のように思える毎日も、実は螺旋階段を上っているように一周目には一周目、二周目には二周目の景色が広がっているものだと考えてみると、日常が違って見えてくるように思う。

バラバラなチームのまとめ方

チームスポーツを見ていると、全員がリーダーの一挙手一投足に呼応するような抜群のチームワークを持ったチームもあれば、個性豊かで能力の高いメンバーが集っているのにチームワークはバラバラというチームもある。

実際に私が監督しているチームはないが、自分の全身を一つのチームとして考えてみると、いままでの経験値からいえることはこんなことかな……と想像を膨らませたりすることがある。

練習段階で内容は変えるが、常にいえることは、いかに共通項を増やしていくかということだ。はじめは、練習後の何気ない会話であったり、異なるジャンルの講師の研修を全員で受けるなど、一見すると試合には直接関係のなさそうにみえることを大事にする。その後、実践的な練習をしながら、「意識をするのではなく、動くときには注意を向けて」などの、私の研究成果も織り交ぜていく。

そして、最終的な共通の目的はシンプルに、「優勝」（トーナメントがあるようなスポーツであればだが）ということにするが、ここで結果として「優勝」できるようにしたいという思いもある。

そのためには優勝を通過点にする必要があり、優勝した先にはどうするのか？　そこまで話しあえるようにしたい。そうなれば、もはやどこよりも団結したチームになっているように思う。

あとはひたすら、動くべきときに動けるように謙虚にいることだろうか。そして、自分たちは強いのだ、などという自信過剰な実感にとらわれないようにすることだろう。

慢心しないコツ

慢心するといけない、ということはよく耳にすることだが、慢心は停滞することにつながるからよくないとされているのだろうと、私は思っている。

自宅をどんなに綺麗に掃除をしたとしても、もう掃除をしなくてもいいということはない。完璧に綺麗にしたから大丈夫だともし思い続けている人がいるとすれば、それはある意味〝慢心の鏡〟のような人、あまりに目の前の状況に無頓着すぎる人だろう。埃はいずれまた積もっていくわけなのだから。

講座づくりや文章を書くときにも、これはよくできたなという思いが芽生えるときほど、そのときの準備や過程をもう一度あらためて見返すようにしている。あまりに慎重になりすぎる必要はないが、受講生や読者になったつもりで見直したり、それでも大丈夫なときには、もっとおもしろくするには何ができるかな、というようなことに思いをめぐらせて「磨き」をかけていく。このように考えるようになったキッカケの出来事があり、段取りよくできたときに教訓として思い出すことがある。

かつての講座できっちりと段取りを決めてその通りにやったことがあるのだが、受講生は満足してくれたものの、決まったことをただするだけならば、私でなくてもできることだなと思ったことがあるのだ。それ以来、段取りは考えるものの、そこに安住も停滞もせず、わずかであってもその場の雰囲気を組み込んだ展開をするようにしている。講座がその場の要素があって初めて完成するものだとすれば、事前の段取りができた段階では慢心などしようもない。

生きるうえでも、思う通りにならないことは些細なことも含めれば無数にあるのだから、〇・一%でもどこか思うようにはいかないこともありうると心算しておくと、いろんな場面で気持ちに余裕が生まれる。

また、慢心しているときというのは、自分のことに注目がかたよっている傾向もあるので、目の前の会話内容や見ている景色が印象に残りにくい傾向にあるだろうとも別で分析をしたりもしている。いま自分がどんな状況か、ということを把握するためには、少し前の出来事や景色を思い浮かべられるかどうか、対人関係であれば相手の表情を思い出せるか、ということを気にかけてみてもいいと思う。

「磨く」は、繰り返し何度も行うことであり、常に変化を生み続けることができるコトバ。磨き続ける限り停滞はないのだから、慢心が自分の心に入り込んでくる余地もない。バーテンダーや食器を担当する店員が毎日グラスを磨くように、常に自分の関心事を磨いていくことで、慢心は防げるのではないだろうか。

ちょっと休憩

あとがき

身体はさまざまな「わたし」を映し出す「間鏡」……拙文を一読されて、みなさんはどんな感想をお持ちになったでしょうか。

人に物事の見方や考え方を伝えるという仕事はさまざまありますが、私の仕事もささやかながらその一つに入るものかと思います。伝える物事の真ん中にあるものは「身体の動き」です。身体の動きというのは、目には形として現れるものですから一見簡単明瞭に思われますが、身体の内側ではひとつの感覚として感じられるものであり、また、本書でも何度となく使った「注意」という、物言わぬ身体が持っているコトバや意思ともいえるような力とも強い関連のある奥深いもの、というのが私が自身の拙い経験から学んだことです。

簡単なようだけれど奥深い、私自身を通してつかんだそんな身体の話をできる限り明快に、おもしろく伝えたいと思って自分なりに努力はしているつもりなのですが、時々、思いがけないところから〝矢〟が飛んできてハッとさせられることがあります。

私の恩師の一人である七沢賢治先生からいただいた本書のタイトルにある「間鏡」もそうですが、私の講座に参加されているからはこんな〝矢〟をいただくことがあります。

「何か困ったことに遭遇したとき、講座でやったことをふと思い出してやってみると、切り抜けられたりするんです。それで改めて〝なるほど！〟と」

ギックリ腰もあれば、長距離バスの発車時間に遅れそうになって焦ったこともあればと、多彩な困りごとがあるようですが、「身体は動き方によってはまだまだ動きやすさを兼ね備えているはず」ということを私の講座で体験している人は、緊急事態に非常電源が働き出すかのように、講座で体験していたことを身体が引き出してくれて、実際の体験を通して、講座の学びがちゃんと生きているという実感を得るようなのです。

もちろん、困った事態にならないとそのことがわからないというわけではなく、ご本人が思っている以上に身体は動いた経験を学びとしているものです。いくつかあげるとしたら、いま自分が何をすべきか明確にするための気持ちの切り替えの速さであったり、変化する状況に対応するための注意を散らさない姿勢であったり、とさまざまです。そうした〝目に見えない力〟は着実に身についてきているということ、それは、みなさんと一緒の場と時間をともにしている私には確実に伝わってくるものがあります。ただ、ゆっくりと芽吹くような速度での変化のため、ご本人がそこに気がつくためには少し時間がかかるかもしれない、ということなのです。


最近はボディワークに関するメソッドが数多く紹介されるようになり、私が身体技法の研究を始めた頃を思い出して比べると、身体の使い方のハウツー本などもずいぶん増えたように思います。それは多くの方が身体に関心を持つようになったことの反映ではないかと心強く思う一方で、私自身の変わらぬ思いもあります。

武術も、スポーツも、介護も、音楽も、教育も、あらゆる物事をなすときの基盤であり根本には自分の「身体」というものがある。それぞれのジャンルにおける技術はもちろん大切なことだけれども、すべての技術につながる原点にある「身体」を磨くこと。それは、あらゆる技術を底上げすることにつながってくるはず——という、思いです。そんな思いにも時折り、こんな〝矢〟が飛んでくることがあります。

「この技術はお父上に習われたのですか?」

講座のとき、武術アシスタント時代から着慣れた紺色の稽古着を着ている様子から察していただいての質問です。そんなときは、その好意的な意図をありがたく感じながらも、私はこうお答えするようにしています。

「講座でみなさんにお伝えすることについてはこんな自分自身の決め事があります。それは、〝自分の身体を通して理解したこと、発見したことのみを伝えるようにしよう〟と。実際に父からも、〝私(父)の技をまったくやらない〟と苦笑いされるほどなのです」

そんなわけで、本書において紹介している身体の使い方、考え方のすべては、私自身が仮説を立て、検証をしたものばかりです。もちろん、人の身体の基本的な構造はみな同じなわけですから、私がお伝えすることと同じ意味のことを、異なる表現で示している方はほかにも多くいると思います。

私も尊敬する方々の一言や身体の動きから、豊かな示唆をいただくことはしばしばありますが、そのようなときでも、私自身がまずそのことを自分の身体を通してしっかりと納得をすること――私が一番大事にしていることはそのことです。自分の頭も含めた身体をしっかり通していないものは、人に説明したところで底の浅い薄っぺらなコトバにしかならないだろう……そんなことも思います。

人に物事の見方や考え方を伝えるという仕事に携わっている以上は、どのようなことも自分のコトバで語れるようになりたいものだと思っています。

みなさんがこの本を手にとっていただいたことで、なにかひとつでも印象に残ることがあり、その印象の種がみなさんのこれからの進路の充実した展開に何かしら貢献する――本書を〝間〟にして、そんなふうに〝人生の螺旋の道〟がつながっていってくれたら、と思います。

印象の種の貢献の仕方はさまざまだと思います。身体の動き方が変わったという方もいれば、周囲に対しての見方や考え方が変わった人もいるかもしれません。中にはなぜか日々生きる気持ちが軽くなったという方もいるかもしれません。感想はそれぞれだと思いますが、「自分の中の何かが変わった」という印象は「人生に新しい何かを書き込む余白が生まれた」ということではないかと私は思っています。余白ができればそこには今までとは違う方向性をもって進んでいく、新しいストーリーを広げられる可能性ができたということになります。「まだ気がついていないあたりまえの自分」とはどんなところに潜んでいるのか？　楽しみながら自分の中にある可能性を発見してみてください。

謝辞

すでにご紹介をさせていただいていますが、本書に「間鏡」という摩訶不思議な、しかし素晴らしい言葉を贈ってくださった七沢賢治先生は私が恩師と尊敬する方の一人です。改めまして、本書を世に出す機会をつくってくださった七沢賢治先生と和器出版の舟橋初花社長、佐藤大成社長、顧問の大野靖志氏、小川暁氏、そして公私にわたりお世話になった岩田伊知郎氏に心より御礼を申し上げます。

イラストレーターのなかむらるみ氏には、コトバだけでは伝わりにくい身体感覚を絵の世界から表現をしていただきました。編集では、和器出版編集部の加藤佳代副編集長、石黒達也氏、小原田氣子氏に多大なるご協力をいただき、校正では松林寛子氏、高橋知子氏、デザインではダグハウスの松沢浩治氏、印刷にはシナノ書籍印刷の家納祐輔氏にご尽力いただきました。ありがとうございました。

改めて申し上げるまでもないことですが、本書は十年以上の講座経験があったからこその賜物です。全国各地の講座にて、私の研究に関心を持って参加を続けてこられたみなさまには、この場を借りて深く感謝申し上げます。日々の研究や進歩は多くのみなさまに支えられてこそ成し得たものだと確信しております。

本書の末尾に私事を書き添える失礼をお許しいただきたいのですが、文中に何度となく登場してもらった父・甲野善紀は、私にとっては公私ともに、師と呼ぶべき存在であったことが執筆中に思い起こされ、そのたびに納得のいく思いがありました。家族の有形無形の支えに励まされたことと合わせて感謝をしています。

これからも、あたりまえにある身体はあらゆるものを映す「間鏡」である、ということを広く研究するとともに、新たな変化と発見の場を表現し続けていきたいと気持ちを新たにしています。

二〇一八年十月吉日

甲野陽紀

甲野陽紀（こうの・はるのり）
1986年、東京都生まれ。身体技法研究者。
武術研究者・甲野善紀氏の武術指導のアシスタント、演劇制作スタッフなどを経験した後、独立。分野や流儀、流派にとらわれない立場で身体技法の研究を始める。達人や名人と呼ばれるほどの技量を持つ武術家や職人などの技を観察・分析する研究を基盤に、さまざまに変化する身体の動きを、注意の向け方や言葉の使い方などとの関係から読み解き、そのエッセンスを日常に役立つ技法として提案する斬新なアプローチは、スポーツや介護、楽器奏法、教育関連など、さまざまな分野の専門家からも注目されている。

身体は「わたし」を映す間鏡である

2018年11月11日 初版第1刷発行

著　者　甲野陽紀
発行者　佐藤大成
発行所　和器出版株式会社
住　所　〒104-0061 東京都中央区銀座1-14-5 銀座ウイングビル5階
電　話　03-5213-4766
ホームページ　http://wakishp.com/
メール　info@wakishp.com

デザイン　松沢浩治（ダグハウス）
イラスト　なかむらるみ
編集協力　高橋知子・松林寛子
印刷・製本　シナノ書籍印刷株式会社

ISBN コード 978-4-908830-14-3
※定価は裏表紙に表示してあります。